Prevención de riesgos laborales en trabajos de soldadura

(UF2999)

cano pina

1.ª edición - 2025

© 2025, Editorial Cano Pina

www.canopina.com

ediciones@canopina.com

© La autora

ISBN: 978-84-18430-87-9

DL MU 373-2025

Impreso en España

Utilización de imágenes y vectores de Freepik y Pixabay

Índice

4. Factores de riesgo en trabajos de soldadura

Prólogo

En los trabajos de soldadura nos encontramos numerosas situaciones de riesgo que pueden afectar a la salud de los trabajadores y a las operaciones que se realizan.

En este libro, se van a analizar todas estas situaciones describiendo los riesgos y sus correspondientes medidas de prevención.

Se ha intentado redactar de manera clara y lo más didáctica posible con explicaciones cortas y el máximo número de ejemplos posible. Se ha buscado que en todo momento esté centrado en el mundo de la soldadura incluyendo situaciones y casos prácticos.

Conceptos básicos sobre seguridad y salud en el trabajo

1

¿Qué?

Vamos a describir los conceptos y aspectos básicos sobre la seguridad en el trabajo.

1.1 El trabajo y la salud.

1.2 Los riesgos profesionales.

1.3 Factores de riesgo.

1.4 Consecuencias y daños derivados del trabajo.

1.5 Marco normativo básico en materia de prevención de riesgos laborales.

1.6 Organismos públicos relacionados con la seguridad y salud en el trabajo.

1.1. El trabajo y la salud

Vamos a empezar por definir estos conceptos fundamentales para nuestro bienestar y productividad en el entorno laboral: el trabajo y la salud.

> El trabajo es cualquier actividad que realizamos para producir bienes o servicios, y que generalmente nos proporciona un ingreso económico.

> La salud es un estado de completo bienestar físico, mental y social, y no solamente la ausencia de enfermedades o dolencias.

Ahora, ¿cómo se relacionan el trabajo y la salud?

La salud en el trabajo se refiere a cómo nuestras actividades laborales pueden afectar nuestro bienestar físico y mental. Es crucial porque un entorno de trabajo seguro y saludable no solo mejora nuestra calidad de vida, sino que también aumenta nuestra productividad y satisfacción laboral.

En resumen, el trabajo es lo que hacemos para ganarnos la vida, y la salud es nuestro estado de bienestar general. La seguridad y la salud en el trabajo se refieren a cómo podemos protegernos y cuidarnos mientras realizamos nuestras tareas laborales. En este libro exploraremos más a fondo cómo podemos crear un entorno de trabajo seguro y saludable para todos.

1.2. Riesgos profesionales

Los riesgos profesionales son las posibilidades de que un trabajador sufra un daño, lesión o enfermedad derivado de su actividad laboral.

- **Riesgo:** probabilidad de que ocurra un evento adverso que pueda causar daño a la salud de los trabajadores.
- **Peligro:** fuente o situación con potencial de causar daño. Puede estar presente en materiales, equipos, procesos de trabajo o en el ambiente laboral.
- **Daño:** lesión física o trastorno de salud o enfermedad derivada del trabajo, afectando el bienestar y la capacidad laboral del trabajador.

Estos riesgos pueden ser de naturaleza física, química, biológica, ergonómica o psicosocial.

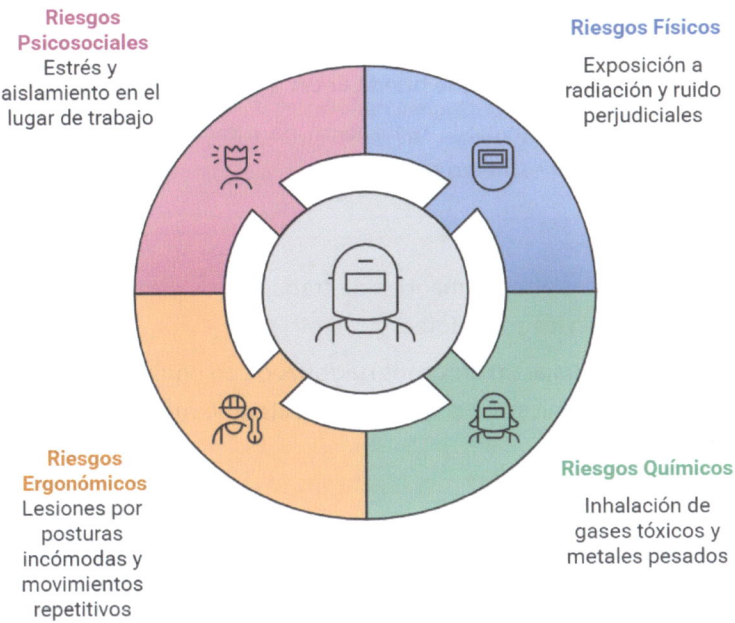

Riesgos Psicosociales
Estrés y aislamiento en el lugar de trabajo

Riesgos Físicos
Exposición a radiación y ruido perjudiciales

Riesgos Ergonómicos
Lesiones por posturas incómodas y movimientos repetitivos

Riesgos Químicos
Inhalación de gases tóxicos y metales pesados

Riesgos profesionales en soldadura

Ejemplos de riesgos profesionales en soldadura

1. Riesgos físicos

- **Radiación ultravioleta:** la exposición a la radiación ultravioleta durante la soldadura puede causar quemaduras en la piel y daños oculares.
- **Ruido:** el ruido generado por equipos de soldadura y maquinaria puede causar pérdida de audición con el tiempo, también generar fatiga, estrés y dificultades de comunicación entre los trabajadores.

2. Riesgos químicos

- **Gases y humos tóxicos:** la soldadura puede generar gases y humos tóxicos, como óxidos de nitrógeno y dióxido de carbono, que pueden afectar el sistema respiratorio.
- **Metales pesados:** durante la soldadura de ciertos materiales, puede ocurrir que haya exposición a metales pesados como el cromo y el níquel, lo que representa un riesgo de intoxicación o enfermedades respiratorias.

3. Riesgos ergonómicos

- **Posturas forzadas:** los soldadores a menudo trabajan en posiciones incómodas o forzadas, lo que puede llevar a lesiones musculoesqueléticas.

- **Movimientos repetitivos:** la realización de movimientos repetitivos puede causar lesiones por esfuerzo repetitivo.

4. Riesgos psicosociales

- **Estrés laboral:** las altas demandas de trabajo y los plazos ajustados pueden generar estrés en los soldadores.

- **Aislamiento:** trabajar en entornos ruidosos o con equipos de protección que dificultan la comunicación puede llevar al aislamiento.

1.3. Factores de riesgo

La clasificación de los diferentes factores de riesgo en el entorno de la soldadura se puede dividir en varias categorías principales: físicos, químicos, biológicos, ergonómicos y psicosociales.

1.3.1. Riesgos físicos

Estos riesgos están relacionados con agentes físicos que pueden causar daño al cuerpo humano.

Radiación ultravioleta	Ruido	Temperaturas extremas	Vibraciones	Electricidad

- **Radiación ultravioleta (UV):** la luz intensa emitida durante la soldadura puede causar quemaduras en la piel y daños oculares, como la "ceguera del soldador".

- **Ruido:** el ruido generado por equipos de soldadura y maquinaria puede causar pérdida de audición.

- **Temperaturas extremas:** el calor generado durante la soldadura puede causar quemaduras y deshidratación.

- **Vibraciones:** el uso de herramientas vibratorias puede causar lesiones en las manos y los brazos.

- **Electricidad:** el contacto con equipos eléctricos puede causar descargas eléctricas.

1.3.2. Riesgos químicos

Estos riesgos están relacionados con la exposición a sustancias químicas que pueden ser peligrosas para la salud tanto a corto como a largo plazo. Dependiendo del nivel y la duración de la exposición, pueden causar desde irritaciones leves hasta enfermedades crónicas graves.

Gases y humos tóxicos	Metales pesados	Productos químicos

- **Gases y humos tóxicos:** la soldadura puede generar gases y humos tóxicos, como óxidos de nitrógeno, dióxido de carbono y ozono, que pueden causar problemas respiratorios, mareos, náuseas y, en exposiciones prolongadas, enfermedades pulmonares.
- **Metales pesados:** la exposición a metales pesados como el cromo, el níquel y el manganeso puede ocurrir durante la soldadura de ciertos materiales, que al ser inhalados pueden provocar enfermedades crónicas.
- **Productos químicos:** el uso de productos químicos como disolventes, desengrasantes y limpiadores industriales puede causar irritación de la piel y los ojos, así como problemas respiratorios si se inhalan sus vapores.

1.3.3. Riesgos biológicos

Aunque menos comunes en la soldadura, estos riesgos están relacionados con la exposición a agentes biológicos que pueden causar enfermedades infecciosas o alergias.

- **Bacterias y virus:** en entornos de soldadura donde se manipulan materiales biológicos, se trabaja en espacios confinados o en condiciones insalubres, puede haber riesgo de exposición a bacterias y virus.
- **Hongos y mohos:** la presencia de hongos y mohos en el entorno de trabajo, especialmente en lugares con alta humedad o ventilación deficiente, puede causar problemas respiratorios y alergias.

1.3.4. Riesgos ergonómicos

Estos riesgos están relacionados con la interacción entre el trabajador y su entorno de trabajo, y cómo esta interacción puede afectar la salud física.

Posturas forzadas	Movimientos repetitivos	Manipulación de cargas

- **Posturas forzadas:** los soldadores a menudo trabajan en posiciones incómodas o forzadas, lo que puede llevar a lesiones musculoesqueléticas.
- **Movimientos repetitivos:** la realización de movimientos repetitivos puede causar lesiones por esfuerzo repetitivo, como el síndrome del túnel carpiano.
- **Manipulación de cargas:** el levantamiento y movimiento de objetos pesados puede causar lesiones en la espalda y otras partes del cuerpo.

1.3.5. Riesgos psicosociales

Estos riesgos están relacionados con el entorno psicológico y social del trabajo, y cómo este entorno puede afectar la salud mental y emocional de los trabajadores.

Estrés laboral	Aislamiento	Acoso laboral

- **Estrés laboral:** las altas demandas de trabajo y los plazos ajustados pueden generar estrés en los soldadores.
- **Aislamiento:** trabajar en entornos ruidosos o con equipos de protección que dificultan la comunicación puede llevar al aislamiento.
- **Acoso laboral:** el acoso y la discriminación en el lugar de trabajo pueden tener un impacto negativo en la salud mental de los trabajadores.

1.4. Consecuencias y daños derivados del trabajo

1.4.1. Accidente de trabajo

Un accidente de trabajo es cualquier lesión corporal que el trabajador sufre con ocasión o por consecuencia del trabajo que realiza por cuenta ajena. Esto incluye tanto los accidentes que ocurren en el lugar de trabajo como aquellos que ocurren durante el desplazamiento al trabajo o desde el trabajo (accidentes *"in itinere"*).

Características clave

- **Ocasión o consecuencia del trabajo:** el accidente debe estar directamente relacionado con la actividad laboral.

- **Lesión corporal:** puede ser una lesión física, como una quemadura, una fractura, o una lesión por esfuerzo repetitivo.
- **Inmediato:** generalmente, los efectos del accidente son inmediatos y visibles.

Ejemplo

Caídas ⇨ Un soldador que cae de una escalera mientras trabaja en altura.

Lesiones por maquinaria ⇨ Un soldador que se lesiona al manipular una máquina de corte.

1.4.2. Enfermedad profesional

Una enfermedad profesional es aquella que se contrae a consecuencia del trabajo que se realiza por cuenta ajena. Estas enfermedades están directamente relacionadas con la exposición a agentes físicos, químicos, biológicos o psicosociales en el entorno laboral.

Características clave

- **Consecuencia del trabajo:** la enfermedad debe estar directamente relacionada con la actividad laboral.
- **Exposición prolongada:** generalmente, las enfermedades profesionales se desarrollan a lo largo del tiempo debido a la exposición prolongada a ciertos riesgos.
- **Diagnóstico médico:** requiere un diagnóstico médico que confirme la relación entre la enfermedad y la actividad laboral.

Ejemplo

Enfermedades respiratorias ⇨ Problemas respiratorios causados por la exposición prolongada a gases y humos tóxicos.

Enfermedades musculoesqueléticas ⇨ Lesiones crónicas debido a posturas forzadas y movimientos repetitivos.

Enfermedades dermatológicas ⇨ Problemas de piel causados por la exposición a productos químicos o radiación ultravioleta.

1.4.3. Otras patologías derivadas del trabajo

Además de las enfermedades profesionales y del trabajo, existen otras consecuencias negativas para la salud del trabajador en el ámbito de la soldadura:

– **Aislamiento y falta de comunicación:** el uso de equipos de protección personal (EPP) como máscaras y protectores auditivos puede dificultar la comunicación, llevando al aislamiento del soldador y dificultando la coordinación en tareas conjuntas.

– **Desinterés y monotonía:** la realización de tareas repetitivas y monótonas, como soldar piezas idénticas durante largos períodos, puede llevar al desinterés y la falta de motivación.

– **Trastornos ligados a los horarios de trabajo:** los turnos rotativos o los horarios nocturnos pueden afectar el sueño y el bienestar general del soldador, aumentando el riesgo de fatiga y errores.

– **Relaciones conflictivas:** las tensiones en el equipo de trabajo o con los supervisores pueden generar un ambiente laboral estresante y conflictivo.

– **Imposibilidad de tomar decisiones:** la falta de autonomía en la toma de decisiones sobre cómo realizar el trabajo puede generar frustración y desmotivación.

– **Imposibilidad de controlar el ritmo de trabajo:** la presión para cumplir con cuotas de producción puede llevar a un ritmo de trabajo acelerado, aumentando el riesgo de errores y lesiones.

– **Insatisfacción por el inadecuado uso de aptitudes:** un soldador altamente cualificado que se siente subutilizado en tareas rutinarias puede experimentar insatisfacción y desmotivación.

Ejemplo

Problemas respiratorios ⇨ Un soldador que desarrolla asma ocupacional debido a la exposición prolongada a humos de soldadura.

Estrés crónico ⇨ Un soldador que trabaja bajo presión constante para cumplir con plazos ajustados y que no tiene control sobre el ritmo de trabajo.

Lesiones musculoesqueléticas ⇨ Un soldador que realiza movimientos repetitivos y trabaja en posturas forzadas, lo que lleva a lesiones crónicas en la espalda y las extremidades.

1.4.4. Repercusiones económicas y de funcionamiento

Además de las repercusiones personales para los trabajadores debido a un accidente, existen otros tipos de consecuencias que pueden afectar a la empresa y al entorno laboral en general.

Estas pueden dividirse en repercusiones económicas, de funcionamiento y estructurales. A continuación se indican algunos ejemplos para hacerlo más gráfico y explicativo:

- **Pérdida de productividad:** la ausencia de un soldador experto puede retrasar la producción y afectar los plazos de entrega de los proyectos y la calidad del trabajo final.

- **Costes de reemplazo:** la empresa debe invertir tiempo y recursos en encontrar, seleccionar y capacitar a un nuevo soldador para cubrir la ausencia del trabajador lesionado, especialmente si el puesto requiere habilidades especializadas.

- **Interrupción de operaciones:** un accidente en la línea de soldadura puede requerir la interrupción temporal de la producción para investigar la causa del incidente, aplicar medidas correctivas y garantizar que el área de trabajo sea segura.

- **Retrasos en proyectos:** un proyecto de soldadura puede retrasarse si el trabajador lesionado era responsable de una parte crítica del proceso.

- **Desmotivación del equipo:** los compañeros de trabajo pueden sentirse desmotivados y preocupados por su propia seguridad después de presenciar un accidente grave, lo que puede generar preocupación por su propia seguridad, estrés y desmotivación.

En resumen, a veces, también hay que reconocer que los accidentes de trabajo tienen repercusiones que van más allá de las personales para los trabajadores. Las consecuencias económicas, de funcionamiento, estructurales, legales y de reputación pueden tener un impacto significativo en la empresa. Implementar medidas preventivas adecuadas, como la formación continua, el uso de equipos de protección personal y la promoción de un ambiente de trabajo seguro, puede ayudar a mitigar estos riesgos y proteger tanto a los trabajadores como a la empresa.

1.5. Marco normativo básico en materia de prevención de riesgos laborales

Explicar el marco normativo básico en prevención de riesgos laborales de manera sencilla requiere un enfoque claro, conciso y práctico para facilitar su comprensión y aplicación.

1.5.1. Ley de Prevención de Riesgos Laborales (LPRL)

¿Qué es?

Es la ley principal que nos dice cómo prevenir accidentes y enfermedades en el trabajo.

¿Qué dice?

Nos obliga a identificar los peligros, evaluar los riesgos y tomar medidas para protegernos.

Ejemplo

Si trabajas en soldadura, la Ley te dice que debes usar gafas de protección y guantes para evitar quemaduras y daños en los ojos.

¿De dónde surge?

La historia de la aparición de esta Ley podemos encontrarla en la siguiente secuencia:

1. La Constitución española en su artículo 40.2:

> encomienda a los poderes públicos, como uno de los principios rectores de la política social y económica, velar por la seguridad e higiene en el trabajo.

2. La presencia de España en la Unión Europea provoca la necesidad de armonizar nuestra política con la naciente política comunitaria en esta materia, preocupada, cada vez en mayor medida, por el estudio y tratamiento de la prevención de los riesgos derivados del trabajo.

3. Como consecuencia surgió la denominada Directiva Marco 89/391/CEE, relativa a la aplicación de las medidas para promover la mejora de la seguridad y de la salud de los trabajadores en el trabajo, que contiene el marco jurídico general en el que opera la política de prevención comunitaria.

4. En este sentido, la transposición de esta directiva al derecho español conlleva la publicación de la Ley 31/1995, de 8 de noviembre, de Prevención de riesgos laborales, BOE n.º 269 de 10 de noviembre de 1995.

Unión Europea

Ley 31/1995, de 8 de noviembre, de Prevención de riesgos laborales

La Constitución Española

Directiva Marco 89/391/CEE

IMPORTANTE

Desde la publicación de la Ley de Prevención de Riesgos Laborales se han producido una serie de modificaciones y actualizaciones. En este sentido conviene consultar en caso necesario la información actualizada proporcionada por el Ministerio de Trabajo o el Instituto Nacional de Seguridad y Salud en el Trabajo.

1.5.2. Reglamento de los servicios de prevención

¿Qué es?

Es una norma que establece las pautas y requisitos para el funcionamiento de los servicios de prevención dentro de las empresas. Su objetivo principal es garantizar que las organizaciones implementen medidas eficaces para proteger la salud y la seguridad de los trabajadores.

¿Qué dice?

Nos explica cómo organizar y planificar las actividades para prevenir riesgos.

¿De dónde surge?

El Reglamento de los servicios de prevención surge como desarrollo y complemento a lo indicado en la Ley de Prevención de Riesgos Laborales. Podemos destacar como aspectos más relevantes el concepto de integración de la prevención en la empresa:

La prevención de riesgos laborales, como actuación a desarrollar en el seno de la empresa, deberá integrarse en su sistema general de gestión, comprendiendo tanto al conjunto de las actividades como a todos sus niveles jerárquicos (…).

Por tanto, lo que se pretende es que la integración de la prevención de riesgos laborales en el sistema general de gestión de una empresa siempre tenga presente la seguridad y la salud en el trabajo. Podemos poner varios ejemplos.

Ejemplo

Nivel jerárquico alto (dirección):

- Política de seguridad: la dirección establece una política de seguridad y salud en el trabajo que se comunica a todos los empleados.

- Asignación de recursos: se asignan recursos para la compra de EPI, como gafas de protección, guantes y ropa ignífuga, y la formación continua de los trabajadores.

Nivel jerárquico medio (supervisores):

- Evaluación de riesgos: los supervisores llevan a cabo evaluaciones de riesgos en las diferentes áreas de soldadura.

- Implementación de medidas: se implementan medidas preventivas, como la instalación de sistemas de ventilación y la organización ergonómica de los puestos de trabajo.

Nivel jerárquico bajo (trabajadores):

- Formación y concienciación: los trabajadores reciben formación sobre el uso correcto de los equipos de soldadura y los procedimientos de emergencia.

- Participación activa: los trabajadores participan en comités de seguridad y salud, donde pueden expresar sus preocupaciones y sugerencias.

En definitiva las diferentes actividades que contempla un Plan de Prevención como sistema de gestión de una empresa se pueden esquematizar en:

Plan de Prevención

1.- Determinar y definir unos OBJETIVOS

2.- Definir las RESPONSABILIDADES de la organización

3.- Realizar la EVALUACIÓN DE RIESGOS

4.- Realizar la PLANIFICACIÓN de la prevención

5.- FORMACIÓN e INFORMACIÓN en prevención a todos los trabajadores

6.- Elaboración de ACTUACIONES ANTE EMERGENCIAS

7.- Elaboración de PROCEDIMIENTOS

8.- Elaboración de INSTRUCCIONES DE TRABAJO

1.5.3. Directivas sobre seguridad y salud en el trabajo

Las directivas europeas son normas que la Unión Europea (UE) establece para que todos los países miembros las sigan. Estas normas tienen como objetivo mejorar la seguridad y la salud de los trabajadores en toda Europa.

Objetivos de las directivas europeas:

1. **Proteger a los trabajadores:** asegurar que todos los trabajadores estén protegidos contra riesgos y peligros en el trabajo.

2. **Mejorar las condiciones de trabajo:** garantizar que los lugares de trabajo sean seguros y saludables.

3. **Prevenir accidentes y enfermedades:** reducir el número de accidentes y enfermedades relacionadas con el trabajo.

4. **Promover la cultura de prevención:** fomentar una cultura de seguridad y salud en el trabajo en todas las empresas.

Proteger a los Trabajadores	Mejorar las Condiciones de Trabajo	Prevenir Accidentes y Enfermedades	Promover la Cultura de Prevención
Asegurar que todos los trabajadores estén protegidos contra riesgos y peligros en el trabajo.	Garantizar que los lugares de trabajo sean seguros y saludables.	Reducir el número de accidentes y enfermedades relacionadas con el trabajo.	Fomentar una cultura de seguridad y salud en el trabajo en todas las empresas.

De las diferentes directivas en materia de seguridad y salud, la más significativa es, sin duda, la 89/391/CEE, denominada Directiva Marco relativa a la aplicación de las medidas para promover la mejora de la seguridad y de la salud de los trabajadores en el trabajo. Por tanto, es la que contiene el marco jurídico general en el que opera toda la política de prevención comunitaria.

1.6. Organismos públicos relacionados con la seguridad y salud en el trabajo

La seguridad y salud en el trabajo es una prioridad para muchos organismos públicos a nivel nacional, europeo e internacional.

Estos organismos trabajan para establecer normas, supervisar su cumplimiento y promover una cultura de prevención de riesgos laborales.

1.6.1. Organismos nacionales

Instituto Nacional de Seguridad y Salud en el Trabajo (INSST)

Es el organismo público español encargado de promover y apoyar la mejora de las condiciones de seguridad y salud en el trabajo.

¿Qué hace?

Realiza investigaciones, desarrolla normativas, y proporciona formación y asesoramiento a empresas y trabajadores.

Ejemplo

El INSST puede desarrollar guías sobre cómo prevenir accidentes en el sector de la construcción.

Inspección de Trabajo y Seguridad Social

Es el organismo encargado de velar por el cumplimiento de la normativa laboral y de seguridad social en España.

¿Qué hace?

Realiza inspecciones en las empresas para asegurarse de que cumplen con las leyes de seguridad y salud en el trabajo.

Ejemplo

La Inspección de Trabajo puede visitar una fábrica para verificar que los trabajadores usan el equipo de protección adecuado y que las máquinas están en buen estado.

1.6.2. Organismos internacionales

A nivel europeo

Agencia Europea para la Seguridad y la Salud en el Trabajo (EU-OSHA)

Es la agencia de la Unión Europea encargada de promover la seguridad y salud en el trabajo en toda Europa, con el objetivo de mejorar las condiciones laborales y reducir los riesgos asociados a distintas actividades profesionales.

¿Qué hace?

Desarrolla campañas de concienciación, realiza estudios y proporciona información y recursos a los Estados miembros.

Ejemplo

La EU-OSHA puede lanzar una campaña para concienciar sobre los riesgos de la exposición a sustancias peligrosas en el trabajo.

Comisión Europea

Es el órgano ejecutivo de la Unión Europea.

¿Qué hace?

Propone y supervisa la aplicación de las directivas europeas sobre seguridad y salud en el trabajo.

Ejemplo

La Comisión Europea puede proponer una nueva directiva para mejorar la protección de los trabajadores contra el ruido en el lugar de trabajo.

A nivel Internacional

Organización Internacional del Trabajo (OIT)

Es una agencia especializada de las Naciones Unidas que se ocupa de las normas laborales y los derechos de los trabajadores a nivel mundial.

¿Qué hace?

Establece convenios y recomendaciones internacionales sobre seguridad y salud en el trabajo, y promueve su aplicación en los países miembros.

Ejemplo

La OIT puede desarrollar un convenio internacional sobre la protección de los trabajadores contra los riesgos químicos en el trabajo.

Organización Mundial de la Salud (OMS)

Es la agencia de las Naciones Unidas responsable de la salud pública internacional.

¿Qué hace?

Proporciona orientación y recursos sobre la prevención de enfermedades y lesiones relacionadas con el trabajo.

Ejemplo

La OMS puede publicar guías sobre cómo prevenir enfermedades respiratorias en trabajadores expuestos a polvo y humos.

Autoevaluación

1. ¿Qué es la salud en el trabajo?

☐ a) Solo la ausencia de enfermedades

☐ b) Un estado de bienestar físico, mental y social

☐ c) La capacidad de trabajar sin restricciones

2. ¿Cuál es la diferencia entre peligro y riesgo?

☐ a) El riesgo es la posibilidad de daño, el peligro es la fuente del daño

☐ b) No hay diferencia, son lo mismo

☐ c) El peligro es algo evitable, el riesgo no

3. ¿Cuál de los siguientes es un riesgo físico en la soldadura?

☐ a) Estrés laboral

☐ b) Radiación ultravioleta

☐ c) Aislamiento

4. ¿Qué problema puede causar el ruido en el trabajo?

☐ a) Pérdida de audición

☐ b) Irritación en la piel

☐ c) Enfermedades gastrointestinales

5. ¿Qué tipo de riesgos pueden causar gases y humos tóxicos?

☐ a) Problemas respiratorios

☐ b) Dolores musculares

☐ c) Pérdida de audición

6. ¿Cuál de estos es un riesgo ergonómico en la soldadura?

☐ a) Exposición a temperaturas extremas

☐ b) Movimientos repetitivos

☐ c) Contacto con sustancias químicas

7. ¿Qué puede generar el estrés laboral en soldadores?

☐ a) Mayor productividad

☐ b) Fatiga y ansiedad

☐ c) Menor exposición a riesgos físicos

8. ¿Qué es un accidente de trabajo?

☐ a) Cualquier lesión sufrida en el ámbito laboral

☐ b) Solo lesiones graves en el trabajo

☐ c) Un problema de salud que se desarrolla a largo plazo

9. ¿Qué diferencia una enfermedad profesional de un accidente de trabajo?

☐ a) La enfermedad profesional ocurre por exposición prolongada

☐ b) La enfermedad ocurre solo fuera del trabajo

☐ c) No hay diferencia entre ambas

10. ¿Cuál de los siguientes es un ejemplo de enfermedad profesional?

☐ a) Quemaduras en la piel por chispas

☐ b) Problemas respiratorios por humos tóxicos

☐ c) Cortes con herramientas

Riesgos generales y su prevención

2

¿Qué?

Vamos a conocer todos los tipos de riesgos que podemos encontrarnos y sus medidas preventivas a aplicar.

2.1 Riesgos en el manejo de herramientas y equipos.

2.2 Riesgos en la manipulación de sistemas e instalaciones.

2.3 Riesgos en el almacenamiento y transporte de cargas.

2.4 Riesgos asociados al medio de trabajo.

2.5 Riesgos derivados de la carga de trabajo.

2.6 La protección de la seguridad y salud de los trabajadores.

2.1. Riesgos en el manejo de herramientas y equipos

Como soldadores, trabajamos con herramientas y equipos que pueden ser peligrosos si no se manejan correctamente.

Podemos identificar diversos riesgos en el entorno laboral, por lo que es fundamental prestarles atención y aplicar las medidas preventivas adecuadas en todo momento para garantizar la seguridad en el trabajo.

2.1.1. Riesgos eléctricos

Los riesgos eléctricos se refieren a los peligros asociados con la electricidad, como descargas eléctricas, incendios y explosiones.

Ejemplo

Imagina que estás soldando y de repente sientes una descarga eléctrica. Esto puede ocurrir si el equipo de soldadura no está bien aislado o si hay cables dañados.

Medidas de prevención

- **Revisa los cables:** asegúrate de que los cables de tu equipo de soldadura no estén dañados o desgastados.
- **Usa equipos de protección:** utiliza guantes aislantes para proteger tus manos de posibles descargas eléctricas, así como botas de seguridad con suela aislante para evitar accidentes por contacto con superficies conductoras.
- **Mantén el equipo en buen estado:** realiza revisiones periódicas de tu equipo para asegurarte de que todo funcione correctamente.

2.1.2. Riesgos mecánicos

Los riesgos mecánicos incluyen lesiones causadas por el movimiento de partes móviles de las herramientas y equipos, como cortes, golpes y atrapamientos.

Ejemplo

Estás utilizando una amoladora para cortar una pieza de metal y, de repente, la herramienta se atasca y te golpea en la mano.

Medidas de prevención

- **Usa la herramienta correctamente:** sigue las instrucciones del fabricante y asegúrate de que la herramienta esté en buen estado.

- **Protege tus manos:** utiliza guantes de protección adecuados para el trabajo que estás realizando.
- **Mantén la herramienta en buen estado:** revisa regularmente el estado de tus herramientas y realiza el mantenimiento necesario.

2.1.3. Riesgos térmicos

Los riesgos térmicos se refieren a las lesiones causadas por el calor, como quemaduras y lesiones oculares.

Ejemplo

Durante la soldadura, una chispa salta y te quema la piel.

Medidas de prevención

- **Usa ropa adecuada:** viste ropa de protección ignífuga y guantes resistentes al calor.
- **Mantén una distancia segura:** trabaja a una distancia segura de las fuentes de calor.
- **Usa pantallas de protección:** coloca pantallas de protección para evitar que las chispas salten hacia ti.

2.1.4. Riesgos químicos

Los riesgos químicos incluyen la exposición a sustancias químicas peligrosas, como gases tóxicos y vapores, que pueden causar enfermedades respiratorias y otras afecciones de salud.

Ejemplo

Mientras estás soldando respiras los gases tóxicos que se desprenden del proceso.

Medidas de prevención

- **Ventilación adecuada:** asegúrate de que el área de trabajo esté bien ventilada.
- **Usa mascarillas:** utiliza mascarillas de protección respiratoria.
- **Mantén el área limpia:** limpia regularmente el área de trabajo para evitar la acumulación de gases tóxicos.

2.1.5. Riesgos ergonómicos

Los riesgos ergonómicos se refieren a las lesiones causadas por movimientos repetitivos, posturas incorrectas y esfuerzos físicos excesivos, como dolores musculares y lesiones articulares.

Ejemplo

Después de un día largo de trabajo, tienes molestias en la espalda y en las muñecas.

Medidas de prevención

- **Postura correcta:** siempre que sea posible, se debe ajustar la posición de trabajo para minimizar la tensión en la espalda y el cuello.

- **Descansos regulares:** recuerda siempre que puedas hacer descansos periódicos para evitar la fatiga.

- **Usa herramientas ergonómicas:** opta por herramientas diseñadas para reducir el esfuerzo físico, como, por ejemplo, empuñaduras cómodas o antorchas ligeras.

A modo de resumen, se incluye a continuación una recopilación de normas de seguridad:

 **HERRAMIENTAS ELÉCTRICAS. Normas de seguridad**

- Desconectar la herramienta para cambiar de útil y comprobar que esté parada.

- Controlar el tiempo de funcionamiento de la herramienta con la finalidad de evitar el calentamiento excesivo y rotura del útil.

- No anular ningún dispositivo o resguardo de seguridad.

- Evitar usar herramientas que trabajan por corte o abrasión en las proximidades de trabajadores no protegidos.

- Utilizar la protección ocular adecuada.

- Comprobar que la herramienta y sus accesorios son los correctos para el trabajo a realizar antes de comenzar.

- Desechar aquellos accesorios que no se encuentran en buen estado, como pueden ser los discos que presenten grietas u otros defectos superficiales.

 HERRAMIENTAS DE MANO. Normas de seguridad

- Seleccionar la herramienta correcta para el trabajo a realizar.
- Mantener siempre las herramientas en buen estado.
- Usarlas de manera correcta para el trabajo al que van destinadas.
- Guardar las herramientas en lugar seguro.
- Asignar de forma personalizada las herramientas, siempre que sea posible.

Finalmente también tenemos que conocer la parte más de gestión, que también en muy importante para nuestra seguridad, porque nos garantiza de entrada que utilizamos máquinas y equipos de trabajo con unas disposiciones mínimas.

Así, cabe comentar que todos los equipos de trabajo deben cumplir con la normativa vigente en ese momento, tanto en cuestiones de seguridad, como de uso, comercialización y puesta en servicio (en el caso de maquinaria).

Al adquirir una máquina nueva, debemos comprobar que dispone de marcado CE, lo que implica que el equipo cumple los requisitos esenciales de seguridad y salud que vienen recogidos en el reglamento correspondiente.

El fabricante de la máquina, o su responsable legal, colocará el marcado CE en la placa de identificación o en las proximidades de esta, quedando bajo su responsabilidad que el producto cumple los requisitos necesarios.

Además, la máquina debe tener una declaración CE de conformidad, que es el documento con el que el fabricante declara que su máquina o componente está conforme a la Normativa Europea y, por lo tanto, también se responsabiliza de la seguridad del producto. La declaración de conformidad acompañará a todas las máquinas nuevas. Sin esta declaración una máquina no puede disponer del marcado CE.

También acompañará a cada equipo un manual de instrucciones, redactado en la lengua original del país de fabricación, más otra copia en la lengua del país de uso.

Este manual debe incluir al menos la siguiente información e instrucciones.

INFORMACIÓN que contiene el manual de instrucciones

- Condiciones de utilización.

- Puestos de los operadores.

- Instrucciones para efectuar sin riesgo: puesta en servicio, utilización, equipos de protección individual necesarios, manutención, instalación, transporte, montaje y desmontaje, reglaje, conservación y reparación.

- Características de las herramientas.

- Contraindicaciones de uso.

- Planos y esquemas en materia de seguridad.

- Presentación de la máquina de acuerdo con el manual.

- Prescripciones relativas a reducir el ruido y las vibraciones.

- Indicaciones sobre ruido aéreo.

- Indicaciones para atmósferas explosivas.

2.2. Riesgos en la manipulación de sistemas e instalaciones

2.2.1. Riesgos específicos en operaciones de mantenimiento y reparación donde haya electricidad

Reglamentariamente existe la obligatoriedad de emplear técnicas y procedimientos para trabajos en instalaciones eléctricas o en sus proximidades, donde exista riesgo eléctrico.

Los trabajos con existencia de riesgo eléctrico exigen que las personas que los realicen estén previamente autorizadas, además de seguir unas normas completas de seguridad y a veces el empleo de procedimientos específicos de trabajo, como los siguientes:

Prevención de riesgos laborales en trabajos de soldadura

Operaciones sin necesidad de establecer procedimientos de trabajo	Operaciones con necesidad de establecer procedimientos de trabajo
Operaciones elementales como conectar o desconectar con material eléctrico concebido para ello, conforme al procedimiento del fabricante. Verificar previamente el buen estado del material manipulado. Trabajos en instalaciones con tensiones de seguridad, donde no exista posibilidad de confusión con otras instalaciones y donde los posibles cortocircuitos no supongan riesgos de quemaduras.	Trabajos sin tensión. Trabajos en tensión. Trabajos en proximidad. Maniobras, mediciones, ensayos y verificaciones Trabajos en emplazamientos con riesgos de incendio o explosión. Electricidad estática

Trabajo sin tensión

Las maniobras para dejar sin tensión y reponerla después, las realizarán trabajadores autorizados.

Es importante saber que trabajar con la electricidad no es lo peligroso, lo peligroso es hacerlo sin respetar los protocolos de trabajo establecidos y las medidas de seguridad a cumplir. Para ello es básico que nos aseguremos de cumplir las 5 reglas de oro de la seguridad eléctrica.

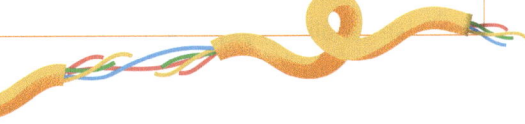

5 REGLAS DE ORO

1. Cortar fuente de tensión
2. Bloquear aparatos de corte
3. Verificar ausencia de tensión
4. Poner a tierra y en cortocircuito
5. Delimitar zona de trabajo

5 REGLAS DE ORO

1 CORTAR FUENTE DE TENSIÓN

2 BLOQUEAR APARATOS DE CORTE

3 VERIFICAR AUSENCIA DE TENSIÓN

4 PONER A TIERRA Y EN CORTOCIRCUITO

5 DELIMITAR ZONA DE TRABAJO

La reposición de la tensión se realizará después de haberse retirado los trabajadores no indispensables y de que se hayan recogido las herramientas y los equipos utilizados en la zona de trabajo.

Primero se recogerán las protecciones y la señalización de los límites de la zona de trabajo (si los hay). A continuación, se retirará la puesta a tierra y el cortocircuito. Una vez hecho esto, se desbloqueará y/o retirará la señalización de los dispositivos de corte. Por último, se cerrarán los circuitos para reponer la tensión.

Trabajo con tensión

Este trabajo será realizado por trabajadores cualificados. En caso de que exista riesgo de una comunicación precaria, confinamiento u otras circunstancias, se harán en equipos de dos personas con formación en primeros auxilios.

Los equipos, materiales y herramientas serán concebidos para los trabajos en tensión. Estos elementos se revisarán según las indicaciones del fabricante. Entre los equipos y materiales que pueden utilizarse se encuentran: accesorios aislantes como pantallas, útiles aislantes o aislados como herramientas o pinturas, dispositivos aislantes o aislados como plataformas, y equipos de protección individual como guantes o cascos.

La zona de trabajo se señalizará y/o delimitará si hay posibilidades de que otros trabajadores accedan a las partes en tensión.

NOTA

No deben llevarse objetos conductores (pulseras, relojes, cadenas, cremalleras metálicas, etc.).

En trabajos al aire libre se tendrán en cuenta las condiciones ambientales desfavorables y se suspenderá el trabajo en tormentas, lluvia, viento fuerte, nevadas, etc.

Trabajos en proximidad

El trabajador deberá permanecer fuera de la zona de peligro y lo más alejado posible.

En la preparación del trabajo se determinará la viabilidad de este en proximidad. En baja tensión, podrá ser realizado por un trabajador autorizado. Se reducirá al mínimo el número de elementos en tensión y las zonas de peligro, pero si existen y son accesibles:

- Se delimitará esta zona respecto a la zona de trabajo con el material adecuado.

- Se informará a los trabajadores de los riesgos existentes, de la situación de los elementos en tensión y de los límites de la zona de trabajo.

El trabajo se realizará por trabajadores autorizados, o bajo la vigilancia de estos. Esta vigilancia, (que no será necesaria en baja tensión ni fuera de esta zona de proximidad), consistirá en supervisar que se cumplan las normas de seguridad y en controlar el movimiento de los trabajadores y de objetos por la zona de trabajo.

Maniobras, mediciones, ensayos y verificaciones

Este trabajo será realizado por trabajadores autorizados. Las prescripciones dadas en el apartado anterior se deben tener en cuenta, además de unas disposiciones particulares:

- En maniobras locales con interruptores y seccionadores, el método de trabajo preverá los defectos de los aparatos, como la posibilidad de efectuar maniobras erróneas (apertura de seccionadores en carga, cierre de seccionadores en cortocircuito, etc.). No será obligatoria la utilización de equipos de protección si el lugar donde se realiza la maniobra garantiza la protección a los riesgos eléctricos.

- En mediciones, ensayos y verificaciones, donde se tenga que retirar la puesta a tierra en las operaciones de TST, se evitará la realimentación intempestiva.

- Cuando sea necesario utilizar una fuente de tensión exterior, se tomarán las siguientes medidas:

  - Que no se realimente la instalación por otra fuente distinta a la prevista

  - Que los puntos de corte tengan un aislamiento suficiente para resistir la aplicación simultánea de la tensión de ensayo y de servicio.

  - Que las medidas de protección al nivel de tensión utilizado sean las adecuadas.

2.2.2. Riesgos específicos en operaciones de mantenimiento y reparación

Trabajos en altura

Trabajo en altura es aquel que tiene asociado un riesgo de caída a distinto nivel por realizarse a una altura igual o superior a 2 metros.

Entre otros puede ser con:

- Escaleras de mano.
- Andamios.

¡NOTA IMPORTANTE!

No se deben utilizar nunca equipos de trabajo inadecuados para alcanzar alturas. Queda PROHIBIDO usar plataformas sobre elementos inestables, carretillas elevadoras, ladrillos, etc.

Escaleras

ESCALERAS DE MANO. Normas de seguridad

- Revisar la escalera antes de su uso (correcto ensamblaje de los peldaños, zapatas de apoyo en buen estado, si hay, comprobar el estado de los ganchos superiores, etc.).

- En las escaleras de tijera, revisar el estado de los dispositivos para el control de apertura, que se encuentran en la parte central (cadena) y superior (topes) de la escalera.

- Las anomalías encontradas deben ser comunicadas inmediatamente al encargado para su evaluación y resolución. Si los defectos observados hacen tener por la seguridad, la escalera se dejará fuera de servicio y se colocará un letrero de "uso prohibido" hasta que se arreglen los defectos.

- No colocar nunca en el recorrido de las puertas, a menos que estas se bloqueen y señalicen adecuadamente.

- Si se utilizan en zonas de tránsito, balizar (señalar) el contorno de riesgo o colocar a una persona que advierta de este.

- Al utilizar escaleras sobre plataformas de vehículos, estos deben permanecer calzados.

- Antes de utilizar una escalera, es fundamental verificar su estabilidad para evitar posibles accidentes. La base de la escalera deberá quedar sólidamente asentada sobre una superficie plana, horizontal y estable. La parte superior se sujetará, si es necesario, al paramento sobre el que se apoya y, cuando este no permita un apoyo estable, se sujetará al mismo mediante una abrazadera u otros dispositivos equivalentes.

- Si la fijación de la escalera no puede garantizarse de manera segura, tanto en su base como en su parte superior, será imprescindible que un segundo trabajador la sostenga firmemente mientras se encuentra en uso.

- Para realizar trabajos eléctricos, se deberán usar escaleras de madera u otras especiales para dichas tareas.

Andamios

Existen varios tipos de andamios utilizados en el mundo laboral, cada uno diseñado para diferentes necesidades y condiciones de trabajo.

– Andamios tubulares: son los más comunes y versátiles. Están fabricados con tubos de acero, lo que les proporciona una gran resistencia y durabilidad. Su diseño modular permite ensamblarlos en diferentes configuraciones, adaptándose a diversas estructuras y necesidades de trabajo.

– Andamios de borriquetas o también llamados de caballetes: están compuestos por dos estructuras en forma de "A", que sirven como soporte para una plataforma horizontal. Son generalmente más ligeros que otros tipos de andamios y destacan por su facilidad de montaje y desmontaje.

 ### ANDAMIOS TUBULARES. Normas de seguridad

- Durante el montaje del andamio, debemos asegurarnos de que todos los elementos verticales y horizontales estén bien ensamblados para garantizar su estabilidad y resistencia. Las diferentes partes del andamio deben estar unidas de forma firme y segura, evitando movimientos o desajustes. Además, es esencial arriostrar correctamente la estructura colocando maderas, vigas o elementos diagonales. De este modo, reforzamos la sujeción del andamio y aumentamos la seguridad general de la estructura. Una vez montado el andamio, es recomendable llevar a cabo inspecciones periódicas.

- Bajo las plataformas de trabajo, señalizar o balizar adecuadamente la zona prevista de caída de materiales u objetos.

- No permitir trabajar en los andamios sobre ruedas, sin la previa inmovilización de las mismas, ni desplazarlos con personas o material sobre la plataforma de trabajo.

- Utilizar para alturas inferiores a 6 m, además, cuando la altura supere los 3 m, será obligatorio el uso de arriostramientos, es decir, la colocación de elementos diagonales o refuerzos estructurales que mejoren la estabilidad.

- El conjunto debe ser resistente y estable. Evitar tablones con defectos o nudos que disminuyan la resistencia. Los tablones tendrán 7,5 cm de espesor.

- Cuando la altura de caída sea mayor a 2 m, se debe disponer de una barandilla perimetral de seguridad, que deberá cumplir con los estándares de protección establecidos.

- La anchura mínima de la plataforma debe ser de 60 cm y la separación entre los puntos de apoyo de 3,5 m como máximo.

- El solapamiento entre tablones sobre un punto de apoyo debe ser como mínimo 20 cm.

- Cuando se utilicen tablones normalizados de 4 m de longitud, la separación entre caballetes debe ser de 3,60 m, sobresaliendo las tablas 20 cm por los extremos y debemos disponer de un caballete intermedio.

2.3. Riesgos en el almacenamiento y transporte de cargas

2.3.1. Almacenamiento

Para llevar a cabo operaciones de soldadura, a menudo es necesario disponer de reservas de materiales que se utilizarán más adelante.

Estos materiales pueden incluir perfiles, chapas, virolas, tubos y elementos de sujeción, entre otros.

Sin embargo, si no se almacenan adecuadamente, pueden ser la causa de accidentes, como golpes o cortes, debido a la caída de materiales, a que sobresalgan de sus lugares de almacenamiento u otras razones.

Como normas de seguridad a aplicar para evitar estos riesgos tenemos:

 ALMACENAMIENTO. Normas de seguridad

- Disponer de espacios adecuados tanto para los almacenamientos fijos como para los temporales.

- Los materiales rígidos lineales, como perfiles y tubos, deben almacenarse correctamente estibados y sujetos con soportes que aseguren la estabilidad del conjunto. Si se colocan horizontalmente, deben situarse alejados de las zonas de paso y con los extremos protegidos.

- Los elementos almacenados no deben sobresalir de las estanterías en ningún caso.

- Los elementos más pesados deben colocarse en la parte inferior, y es recomendable utilizar cestas o cajas para las piezas pequeñas.

- Las áreas de almacenamiento deben mantenerse bien iluminadas (que permita una buena visibilidad de los materiales), ordenadas y con sistemas claros para clasificar e identificar los materiales necesarios.

2.3.2. Transporte de cargas

Manipulación manual

La manipulación manual de cargas es una tarea bastante frecuente en la soldadura, debido a que deben manejarse perfiles metálicos, piezas de diferentes dimensiones y componentes estructurales. Estas operaciones se realizan tanto para colocar los materiales sobre los bancos de soldadura en la fase de preparación, como para retirar los productos una vez efectuadas las operaciones con ellos.

Cuando en tareas de manipulación de cargas, se sobrepasa la capacidad física o estas tareas se realizan de manera repetitiva, pueden producirse lesiones en la espalda. Esto es debido a que los huesos, músculos y articulaciones de la espalda pueden dañarse si se someten a esfuerzos superiores a los que en principio están preparados para resistir o si estos esfuerzos son repetitivos.

Hay varios aspectos clave a considerar que se convierten en factores de riesgo o que contribuyen a que la manipulación de cargas se convierta en un riesgo:

Características de la carga	– Peso excesivo (generalmente más de 25 kg).
	– Tamaño que dificulta el agarre.
	– Distribución inestable del peso.
	– Bordes cortantes o superficies calientes.
Aspectos posturales	– Torsión o flexión del tronco.
	– Distancia de la carga al cuerpo.
	– Posturas forzadas o incómodas.
	– Movimientos bruscos.
Factores organizativos	– Ritmo de trabajo impuesto.
	– Falta de períodos de recuperación.
	– Distancias largas de transporte.
	– Falta de formación en técnicas seguras.

A continuación, trasladamos estos factores al caso específico de un trabajador de soldadura indicando las recomendaciones o normas de seguridad a adoptar en cada situación.

Transporte o manejo de cilindros de gas

– Usar carros específicos para el transporte de cilindros.

– Mantener los cilindros asegurados y en posición vertical.

– Solicitar ayuda para mover cilindros cuando sea necesario.

– No rodar los cilindros horizontalmente.

Movimiento de piezas metálicas pesadas para soldar

– Utilizar mesas de trabajo ajustables en altura.

– Emplear sistemas de elevación como polipastos o puentes grúa.

– Usar soportes y mordazas para sostener las piezas.

– Organizar el área de trabajo para minimizar los desplazamientos con carga.

Traslado del equipo de soldadura (máquina, cables, antorchas)

- Usar carritos para transportar la máquina de soldar.

- Organizar los cables adecuadamente para evitar tirones.

- Mantener las herramientas más utilizadas al alcance de la mano.

- Utilizar portaelectrodos y otros accesorios que reduzcan el peso sostenido.

Otras situaciones como…

- Manipulación de estructuras metálicas en diferentes posiciones.

- Sostener la pistola de soldadura en posiciones elevadas por tiempo prolongado.

- Trabajar en espacios confinados con posturas forzadas.

- Mantener piezas pesadas en posición mientras se sueldan.

- Agacharse repetidamente para soldar en zonas bajas.

En estos casos podríamos considerar otras recomendaciones adicionales específicas dentro del ámbito de la organización del trabajo como alternar tareas de soldadura con otras menos demandantes, establecer pausas regulares, trabajar en equipo, etc.

Elevación y transporte automático

Siguiendo las pautas del apartado anterior, la forma más sencilla de evitar o reducir la manipulación manual de cargas es la automatización o mecanización de los procesos, es decir, la utilización de equipos que realicen el esfuerzo como:

Plataformas elevadoras
Carretillas elevadoras
Puentes - grúa
Grúas móviles
Grúas - torre
Polipastos
Posicionadores y mesas elevadoras

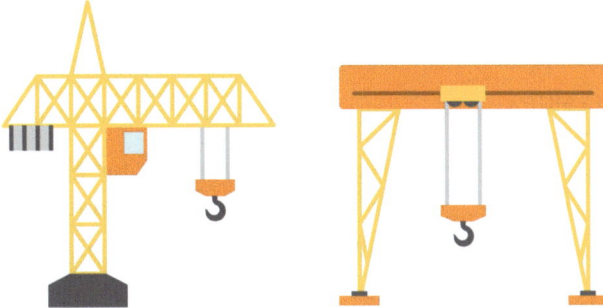

En primer lugar, como del resto de equipos utilizados en el trabajo, hay que considerar que tanto los aparatos de elevación como sus elementos auxiliares y de izado (ganchos, cuerdas, etc.) deben cumplir los requisitos legales y disponer de declaración CE de conformidad, marcado CE y manual de instrucciones y cuando se instalen, utilicen y mantengan de acuerdo con las instrucciones del equipo suministradas por el fabricante.

Plataformas elevadoras

Son plataformas que permiten situar a uno o varios trabajadores en distintos niveles de altura para efectuar trabajos de montaje, reparaciones, etc.

Medidas generales de prevención

- **Formación:** todos los operadores estén debidamente formados y certificados para el uso de plataformas elevadoras. La formación debe incluir tanto teoría como práctica, abordando el manejo de la plataforma, los riesgos asociados y las medidas de seguridad.

- **Inspección:** realizar inspecciones diarias y periódicas de la plataforma y sus componentes.

- **Planificación:** planificar el trabajo en altura con anticipación, incluyendo la evaluación de riesgos y la implementación de medidas de control.

A nivel particular de trabajo con estos equipos los principales riesgos asociados con el uso de plataformas elevadoras y las medidas preventivas son:

Caídas desde altura	
Riesgo	Los trabajadores pueden caer desde la plataforma debido a la falta de barreras adecuadas o al mal uso de los arneses de seguridad.
Medidas preventivas	– Utilizar arneses de seguridad y líneas de vida. – Asegurarse de que la plataforma esté equipada con barandillas y protecciones laterales. – Realizar inspecciones periódicas de los equipos de seguridad.

Vuelco de la plataforma	
Riesgo	La plataforma puede volcarse debido a una carga desequilibrada, terreno irregular o condiciones climáticas adversas.
Medidas preventivas	– Distribuir la carga de manera uniforme. – Operar la plataforma en terrenos firmes y nivelados. – Evitar el uso de la plataforma en condiciones de viento fuerte o lluvia intensa.

Choques con objetos	
Riesgo	La plataforma puede chocar con estructuras, cables eléctricos u otros obstáculos.
Medidas preventivas	– Realizar una inspección previa del área de trabajo para identificar posibles obstáculos. – Utilizar señalización y barreras para delimitar el área de trabajo.

Fallo mecánico	
Riesgo	Fallos en el sistema hidráulico, eléctrico o mecánico pueden causar accidentes.
Medidas preventivas	– Realizar mantenimiento regular de la plataforma – Inspeccionar la plataforma antes de cada uso. – Seguir las instrucciones del fabricante para el uso y mantenimiento.

Electrocución	
Riesgo	Contacto con cables eléctricos vivos.
Medidas preventivas	– Mantener una distancia segura a cables eléctricos. – Utilizar plataformas con aislamiento eléctrico si es necesario trabajar cerca de líneas eléctricas. – Los trabajadores deben estar capacitados en procedimientos de seguridad eléctrica.

Caída de objetos	
Riesgo	Herramientas u otros objetos pueden caer desde la plataforma y golpear a personas o equipos en el suelo.
Medidas preventivas	– Utilizar cinturones de herramientas y redes de seguridad para evitar la caída de objetos. – Mantener el área de trabajo limpia y ordenada. – Delimitar el área de trabajo para evitar que personas no autorizadas entren en la zona de riesgo.

Polipastos

Un polipasto es un dispositivo mecánico utilizado para levantar y mover cargas pesadas. Consiste en un sistema de poleas y cables que permiten multiplicar la fuerza aplicada, facilitando el levantamiento de objetos que de otro modo serían demasiado pesados para manejar manualmente. Los polipastos se utilizan en diversas industrias, como la construcción, la manufactura, la logística y el transporte y pueden ser:

– **Manuales:** requieren la fuerza humana para accionar la elevación y descenso de la carga, generalmente mediante una cadena sin fin o una palanca.

– **Motorizados:** funcionan con electricidad, neumática o hidráulica, ofreciendo mayor velocidad y capacidad de carga.

Los riesgos asociados a su uso son:

Caídas de cargas	
Riesgo	Si el polipasto no está correctamente asegurado o si falla algún componente, la carga puede caer.
Medidas preventivas	– Asegurar correctamente la carga antes de levantarla. – Realizar inspecciones periódicas del equipo para detectar cualquier signo de desgaste. – Seguir estrictamente los procedimientos de seguridad establecidos.

Sobrecarga	
Riesgo	Utilizar el polipasto para levantar cargas que exceden su capacidad máxima puede provocar fallos en el equipo, roturas de cables o poleas, etc.
Medidas preventivas	– Nunca exceder la capacidad máxima de carga del polipasto, ya que sobrecargar el equipo puede hacer fallar el mecanismo de elevación y/o desgastarlo. – Asegurarse de que la capacidad máxima del polipasto esté claramente etiquetada y visible. – Asegurarse de que todos los operadores conozcan las capacidades, limitaciones y funcionamiento del equipo y cómo calcular el peso de las cargas.

Procedimiento seguro de uso

Antes de la operación

- Verificar la capacidad del polipasto respecto al peso que se debe elevar.
- Comprobar el funcionamiento de los finales de carrera.
- Revisar el estado de cadenas y ganchos para detectar posibles desgastes, torceduras, deformaciones o roturas.
- Verificar el funcionamiento de la parada de emergencia, para confirmar que detiene inmediatamente la operación.

Durante la operación

- No superar nunca la carga máxima permitida.
- Elevar la carga verticalmente (evitar tiros oblicuos).
- Mantener la zona de operación despejada.
- Usar señales acústicas si hay poca visibilidad.

Mantenimiento del equipo

Diario

- Inspección visual de cadena y ganchos.
- Comprobación de frenos.
- Verificación de botonera y mandos.

Mensual

- Engrase de cadena.
- Revisión de conexiones eléctricas.
- Comprobación de ruidos anormales.

Anual

- Revisión completa por personal especializado.
- Pruebas de carga.
- Sustitución de elementos desgastados.

NOTA

Es importante llevar un registro detallado de estas inspecciones.

Posicionadores y mesas elevadoras

Los posicionadores de soldadura son equipos diseñados para facilitar la manipulación y orientación de piezas metálicas durante el proceso de soldadura. Su principal función es permitir que el operario pueda trabajar en la posición más cómoda y ergonómica posible, evitando posturas incómodas que puedan generar fatiga o lesiones musculoesqueléticas.

Los más comunes son los de tipo mesa giratoria, que pueden rotar sobre su eje horizontal y vertical y proporciona un movimiento de rotación controlado para manipular las piezas con precisión. Puede girar a diferentes velocidades. Podemos encontrar manuales, motorizadas, etc.

Riesgos y medidas preventivas

Atrapamientos	
Riesgo	Durante el giro de la pieza, pueden formarse puntos de pinzamiento entre esta y la estructura.
Medidas preventivas	Para prevenirlo, mantén las protecciones perimetrales, usa mandos a distancia y establece procedimientos claros.

Caída de objetos	
Riesgo	Una pieza mal asegurada puede deslizarse y caer.
Medidas preventivas	La prevención pasa por verificar siempre el correcto amarre de las piezas y no superar nunca la capacidad de carga del equipo.

Medidas preventivas generales

- Dispositivos de seguridad como finales de carrera, paradas de emergencia, señales acústicas y luminosas de movimiento, y protecciones contra sobrecargas, deben estar siempre operativos.

- Los trabajadores deben estar formados en el funcionamiento y correcta utilización de estos equipos incluyendo los sistemas de seguridad y los procedimientos de emergencia.

- Debe realizarse un mantenimiento preventivo de los equipos que incluya la revisión de sistemas hidráulicos, conexiones eléctricas, elementos de sujeción y sistemas de seguridad.

Carretillas elevadoras

Las carretillas pueden ser de varios tipos según:

- **Ubicación de la carga:** contrapesadas, retráctiles, apiladores, trilaterales y bilaterales, etc.

- **El sistema de elevación:** mástil vertical, brazo telescópico, de doble profundidad, etc.

- **El tipo de energía utilizada:** motor térmico o eléctrico, híbridas, etc.

- **La posición del operador:** sentado, de pie, a pie, etc.

Vuelco de la carretilla	
Riesgo	– Circular con carga elevada, ya que se eleva el centro de gravedad. – Velocidad excesiva en giros. – Pendientes pronunciadas y suelos irregulares. – Sobrecarga, exceder la capacidad máxima de carga del equipo afecta su estabilidad.
Medidas preventivas	– Mantener carga bajada durante desplazamiento. – Velocidad reducida en curvas, evitando maniobras bruscas. – Respetar pendientes máximas. – No sobrepasar capacidad máxima.

Atropellos	
Riesgo	– Falta de visibilidad.
	– Espacios compartidos con peatones.
	– Velocidad inadecuada y maniobras imprevistas.
Medidas preventivas	– Señalización de vías de circulación.
	– Separación tráfico peatonal/carretillas.
	– Señales acústicas y luminosas.
	– Espejos en cruces sin visibilidad.
	– Limitación de velocidad.

Caída de cargas	
Riesgo	– Mala sujeción.
	– Sobrecarga.
	– Movimientos bruscos.
	– Horquillas deterioradas.
Medidas preventivas	– Asegurar cargas correctamente.
	– Respetar límites de carga.
	– Movimientos suaves y controlados.
	– Mantenimiento de horquillas.
	– Evaluar estabilidad de la carga.

Mantenimiento del equipo

Diario	Periódico
• Frenos.	• Sistema hidráulico.
• Dirección.	• Motor.
• Nivel de aceite.	• Estructura.
• Ruedas.	• Elementos seguridad.
• Horquillas.	• Baterías (eléctricas).

Otros requisitos importantes en el caso de los operadores de carretillas:

- Formación específica obligatoria.
- Autorización de la empresa.
- Conocimiento normas seguridad.

2.4. Riesgos asociados al medio de trabajo

2.4.1. Exposición a agentes físicos, químicos o biológicos

El medio ambiente laboral es al que está expuesto un trabajador, generado como consecuencia de la alteración o modificación del medio ambiente natural por la acción de diversos factores ambientales a consecuencia del trabajo desarrollado. Estos factores ambientales pueden ser:

- Químicos.
- Físicos.
- Biológicos.

Por otro lado, podemos decir que la aparición de una enfermedad laboral depende de una serie de parámetros:

- Agresividad de los factores ambientales.
- Tiempo de exposición.
- Características personales.

Agresividad de los factores ambientales

Existen valores máximos de tolerancia para diferentes factores ambientales negativos por debajo de los cuales no son de esperar, en principio, efectos negativos para la salud de los trabajadores.

Tiempo de exposición

Bajo un mismo nivel de agresividad, los efectos que puede tener sobre el organismo humano una exposición larga y continuada a riesgos químicos o físicos no van a ser los mismos que los efectos generados por una exposición corta y/o eventual. Es mucho más probable que aparezcan enfermedades y que estas sean de mayor gravedad en el primer caso que en el segundo.

Contaminantes químicos

Los contaminantes químicos son todos los elementos y compuestos químicos, por sí solos o mezclados, tal como se presentan en su estado natural y obtenido como resultado de una actividad laboral, independientemente de si su producción ha sido intencionada o accidental y de si está comercializado o no.

Es decir, hay que tener en cuenta que los agentes químicos pueden:

- Utilizarse o destinarse a su utilización en algún tipo de proceso.

- Aparecer en un proceso de trabajo o ser resultado del mismo.

- Formar parte de materiales utilizados para otros fines (productos de limpieza, refrigerantes, lubricantes, pinturas).

Durante la soldadura, el calentamiento del metal y los materiales de aporte producen humos metálicos y gases. Estos humos contienen partículas muy pequeñas que pueden penetrar profundamente en los pulmones. La composición de estos humos dependerá de la base metálica, el recubrimiento que tenga y el material de soporte utilizado.

Los principales contaminantes que podemos encontrar se exponen a continuación.

En cuanto a humos metálicos…

- El hierro y el óxido de hierro son los más comunes, especialmente al soldar acero.

- También encontramos otros metales como el cromo y el níquel, particularmente peligrosos en la soldadura de acero inoxidable, pues son cancerígenos.

- El zinc aparece al soldar materiales galvanizados y puede causar la llamada "fiebre de los humos metálicos".

- El manganeso presente en muchos electrodos puede afectar al sistema nervioso con exposiciones prolongadas.

Respecto a los gases…

- El ozono se forma por la acción de la radiación ultravioleta sobre el oxígeno del aire, especialmente en soldadura MIG/MAG y TIG.

- El monóxido de carbono aparece cuando la protección del arco es deficiente.

- Los óxidos de nitrógeno se generan por la oxidación del nitrógeno del aire a altas temperaturas.

- El fosgeno, extremadamente peligroso, puede formarse cuando los vapores de disolventes clorados se descomponen por el calor del arco.

Las medidas preventivas fundamentales incluyen:

- **Ventilación:** se debe disponer de sistemas de extracción localizados, colocando las campanas lo más cerca posible del punto de soldadura.

- **Uso de equipos de protección respiratoria adecuados:** se deben usar mascarillas específicas para humos de soldadura, con filtros apropiados según el tipo de contaminante. En espacios mal ventilados, pueden ser necesarios equipos de respiración autónoma.

NOTA

La posición del soldador puede ser también importante para la prevención colocándose de manera que los humos no asciendan directamente hacia su zona de respiración. La cabeza debe mantenerse fuera de la columna de humos.

La formación e información son fundamentales. Los soldadores deben saber interpretar las fichas de datos de seguridad de los materiales y reconocer síntomas de exposición.

Contaminantes físicos

Son alteraciones del medio ambiente laboral, producidas por modificaciones de tipo energético o por la introducción de fuentes o tipos de energía que pueden representar un riesgo para la salud de los trabajadores.

Pueden clasificarse en:

Ruido	Vibraciones	Radiaciones	Condiciones termohigrométricas

Ruido

El ruido en soldadura proviene de múltiples fuentes. El propio proceso de soldadura genera ruido, pero las operaciones auxiliares como el esmerilado o el martilleo suelen ser las más ruidosas.

La exposición prolongada a niveles elevados de ruido puede causar pérdida auditiva y por tanto se debe realizar la evaluación del ruido concreta en el puesto de trabajo.

Los resultados de la evaluación nos darán una calificación que, en caso de no ser aceptable, requerirá de la aplicación de medidas de control que podemos agrupar según los siguientes parámetros:

Uso de protección auditiva

- Tapones para los oídos: utilizar tapones que se ajusten bien a tus oídos y que estén aprobados para el nivel de ruido del puesto de trabajo.

- Cascos de protección auditiva: si el ruido es muy alto, usa cascos que cubran completamente tus oídos.

Control del ruido en el área de trabajo

- Mantenimiento de equipos: asegurar un correcto mantenimiento en todo momento de todos los equipos de trabajo y herramientas.

- Aislamiento acústico: si es necesario, instalar barreras acústicas o paneles insonorizantes en áreas donde el ruido sea más intenso.

Rotación de tareas

- Descansos regulares: organizar el trabajo de manera que se puedan tomar descansos regulares en áreas más tranquilas para darle un respiro a tus oídos.

- Rotación de personal: si es posible, establecer rotaciones entre trabajadores para reducir el tiempo de exposición al ruido.

Formación e información

– Formación: participar en programas de capacitación sobre los riesgos del ruido, su impacto en la salud y las medidas preventivas más eficaces para nuestro entorno laboral.

– Señalización: señalizar en las áreas de alto ruido para recordar a todos el uso de protección auditiva.

Vibraciones

Podríamos decir que físicamente una vibración es lo mismo que el ruido: una energía que se transmite a través de la materia formando ondas, la única diferencia es que el ruido llega al trabajador a través del aire y se percibe por el oído, y la vibración, al transmitirse a través de un medio sólido, es recibida en el organismo a través de la parte del mismo en contacto con el medio que la transmite.

Además, el daño sobre el organismo era muy específico en el caso del ruido, mientras que en las vibraciones los efectos producidos son muy variados y se producen sobre órganos muy dispares.

Las vibraciones de alta frecuencia se producen con la manipulación de herramientas rotativas o percutoras (lijadoras, martillos neumáticos, motosierras), los efectos que producen son básicamente trastornos en las articulaciones, artrosis de codo, lesiones de muñeca, pérdida de sensibilidad al tacto y trastornos vasculares, y el conocido como síndrome de dedo blanco o síndrome de Raynaud.

Para prevenirlo, es importante realizar mantenimiento preventivo de los equipos (deben revisarse periódicamente y sustituir o reparar cualquier pieza desgastada o desequilibrada), usar soportes antivibratorios cuando sea posible (bases flotantes, cojines o plataformas con absorción de vibraciones en el puesto de trabajo) y alternar tareas para limitar el tiempo de exposición (los operarios no deben estar expuestos a vibraciones de forma prolongada).

Radiaciones

Podemos tener radiaciones ionizantes y no ionizantes.

La diferencia entre radiaciones ionizantes y no ionizantes es debida a su origen y a la cantidad de energía, variando su capacidad de penetrar en la materia.

Radiaciones no ionizantes	Radiaciones ionizantes
Radiación ultravioleta Radiación visible Radiación infrarroja Láseres Microondas Radiofrecuencias	Rayos X Rayos gamma Partículas alfa Partículas beta Neutrones

En soldadura, nos encontramos con tres tipos principales de radiación: ultravioleta, infrarroja y visible.

- **Radiación ultravioleta (UV):** proveniente del arco de soldadura. Es particularmente peligrosa porque puede causar lesiones oculares graves como conjuntivitis y queratitis, además de quemaduras en la piel expuesta.
- **Radiación visible:** la luz intensa del arco de soldadura. También puede dañar la retina y causar fatiga visual.
- **Radiación infrarroja (IR):** generada por el calor intenso. Puede provocar lesiones en la retina y cataratas a largo plazo.

Para protegerse, es fundamental:

- Utilizar pantallas de soldadura con filtros adecuados al tipo de soldadura.
- La ropa debe cubrir completamente la piel.
- Instalar mamparas o pantallas de separación para proteger a otros trabajadores.

NOTA

Es importante recordar que los ayudantes y personal cercano también deben usar protección ocular apropiada.

Condiciones termohigrométricas

El calor generado durante la soldadura, combinado con el uso de equipos de protección personal, puede provocar estrés térmico.

Es importante mantener una ventilación adecuada, realizar pausas programadas y asegurar una hidratación frecuente.

En ambientes calurosos, puede ser necesario rotar al personal en las tareas más expuestas.

2.4.2. El fuego

El fuego es una combustión caracterizada por una emisión de calor acompañada de humo o de llama o de ambos a la vez, pero todo ello dominado y controlado por el hombre.

El incendio es una combustión rápida que se desarrolla sin control en el tiempo y en el espacio.

IMPORTANTE

Para que se inicie el fuego, es necesario que coincidan en tiempo y espacio una serie de factores: combustible, comburente y calor o energía de activación.

Sin embargo, para que el fuego se mantenga es necesario que la energía sea suficiente para mantener la reacción en cadena dando lugar al tetraedro del fuego.

- COMBUSTIBLE. Cualquier sustancia que, en presencia del oxígeno y con aportación de una cierta energía de activación, es capaz de arder. Todos los combustibles queman en fase gas o vapor. Cuando el combustible es sólido o líquido, es necesario un aporte previo de energía para llevarlo al estado gaseoso.
- COMBURENTE. Aquella mezcla de gases en la cual el oxígeno está en proporción suficiente para que en su seno se produzca la combustión. El aire es la principal fuente de oxígeno, si bien existen materiales que tienen tal composición química que pueden aportar oxígeno.
- ENERGÍA DE ACTIVACIÓN. Energía mínima necesaria para que se inicie la reacción. Esta energía es aportada por los focos de ignición que pueden ser de varios tipos o naturalezas, como focos eléctricos, mecánicos o químicos.
- REACCIÓN EN CADENA. Proceso que permite la propagación del incendio, siempre que la energía de activación sea suficiente y se produzca la mezcla combustible-comburente.

Teniendo en cuenta lo indicado sobre los componentes del fuego, podemos distinguir varios métodos de extinción actuando sobre cada uno de ellos.

1. Actuamos sobre el combustible

Si no hay nada que quemar el fuego se apagará.

Ejemplos

- Cortando el flujo de gases o líquidos a la zona de fuego o bien quitando sólidos o recipientes que contengan líquidos o gases, de las proximidades de la zona de fuego.

- Refrigerando los combustibles alrededor de la zona de fuego

- Recubriendo el combustible con un material incombustible (manta ignífuga, arena, espuma, polvo, etc.).

2. Actuamos sobre el comburente

Si no llega oxígeno (comburente) suficiente, no puede haber fuego.

Ejemplos

- Dificultando el acceso de oxígeno fresco a la zona de fuego cerrando puertas y ventanas.

- Por dilución de la mezcla, proyectando un gas inerte (N_2 o CO_2) en suficiente cantidad para que la concentración de oxígeno disminuya por debajo de la concentración mínima necesaria.

- Proyectando agua sobre el fuego, que al evaporarse disminuirá la concentración de oxígeno (más efectivo si es pulverizada).

3. Actuamos sobre la energía de activación

Si disminuye el calor, dejarán de producirse vapores de combustible y el fuego acabará quedándose sin "nada que quemar".

Ejemplo

– Arrojando sobre el fuego sustancias que, por descomposición o cambio de estado, absorban energía. El agua o su mezcla con aditivos, es prácticamente el único agente capaz de enfriar notablemente los fuegos, sobre todo si se emplea pulverizada.

Clases de fuego

Clase A	Fuego de materias sólidas (madera, papel, goma, plásticos y tejidos, etc.)
Clase B	Fuego de líquidos o de sólidos licuables (etano, metano, gasolina, parafina y la cera de parafina)
Clase C	Fuego de gases (equipos eléctricos energizados, electrodomésticos, interruptores, herramientas eléctricas)
Clase D	Fuego de metales combustibles (magnesio, titanio, potasio y sodio).
Clase E	Eléctrico: fuego generado por energía eléctrica pero asimilable a fuego clase A (transformadores, generadores, etc.).

2.5. Riesgos derivados de la carga de trabajo

Podemos definir la carga de trabajo como el conjunto de requerimientos psicofísicos (actividad física –esfuerzo muscular, posturas mantenidas, manipulación de cargas, movimientos repetitivos– y mental –concentración, toma de decisiones, presión laboral, interacción con otros trabajadores–) a los que se ve sometido el trabajador a lo largo de su jornada laboral.

La consecuencia de una excesiva carga de trabajo es la fatiga, que comporta una disminución de la capacidad física y mental del trabajador, después de realizar la tarea durante un período de tiempo.

2.5.1. Carga física

Engloba el conjunto de requerimientos físicos a los que se ve sometida la persona a lo largo de la jornada laboral.

Como consecuencia de una elevada carga física, tenemos consecuencias negativas:

La carga física AUMENTA…	− la fatiga muscular
	− el riesgo de lesiones
	− la posibilidad de accidentes
La carga física DISMINUYE…	− la productividad
	− la calidad del trabajo

Ejemplos

1.Imaginemos un soldador que está soldando una estructura y tiene que mantener la pistola de soldadura en alto durante largos períodos. Después de varias horas, nota que sus brazos están cansados y le tiembla un poco el pulso. Esto es un claro ejemplo de fatiga muscular que puede llevar a que los cordones de soldadura pierdan calidad o incluso a que se le caiga la herramienta.

2. María tiene que soldar unas piezas que están a nivel del suelo. Para alcanzarlas, está trabajando agachada durante mucho tiempo. Al final del día, siente dolor en la espalda y las rodillas. Esta fatiga física no solo le produce molestias, sino que aumenta el riesgo de que tenga un tropiezo o pierda el equilibrio mientras maneja equipos calientes.

2.5.2. Carga mental

La carga mental es un esfuerzo que viene determinado por la cantidad y por el tipo de información que demanda el puesto de trabajo. El esfuerzo mental pone en marcha la atención, la memorización, la abstracción y la decisión del individuo.

Los factores que determinan la carga mental son:

Factores externos

- Reparto de tareas exigiendo una formación determinada.
- Complejidad del proceso productivo.
- Tiempo disponible para procesar la información y la respuesta.

Factores internos

- Características personales del trabajador que inciden e influyen en la salud y vida laboral (edad, personalidad, nivel de satisfacción, actitud en el trabajo, formación, estado anímico).

Así, aparece una fatiga inicial caracterizada por una disminución de la atención, una lentitud del pensamiento y una disminución de la motivación.

Si la persona trabajadora no se recupera en su tiempo libre o por la noche, puede aparecer la llamada "fatiga crónica", cuyos síntomas pueden ser: preocupación injustificada, irritabilidad, insomnio, falta de energía, absentismo, etc.

Ejemplo

Ana está aprendiendo a usar un nuevo equipo de soldadura automatizado. Tiene que programar parámetros en la máquina mientras controla el proceso. Es su primera semana con este equipo y se siente presionada porque hay mucho trabajo pendiente. Esta combinación de nueva información que procesa (factor externo) y su inseguridad por la falta de experiencia (factor interno) genera una alta carga mental.

2.6. La protección de la seguridad y salud de los trabajadores

2.6.1. Protección colectiva

La protección colectiva es aquella que protege a varias personas. Es muy importante destacar y tener presente que siempre deben anteponerse las medidas de protección colectiva a la protección individual.

Ventilación general o por dilución

La ventilación general consiste en la dilución del aire contaminado, con aire limpio del exterior, con el fin de controlar los riesgos para la salud:

- de incendio/explosión,
- de olores,
- de contaminantes molestos y
- de ambientes industriales muy calurosos.

La ventilación general puede ser natural, aprovechando el desplazamiento originado por los vientos y la convección térmica, o mecánica que consiste en producir el movimiento del aire por medios mecánicos (ventiladores).

Los principios básicos de diseño de los sistemas de ventilación general por dilución son:

- Calcular, a partir de los datos disponibles, el caudal necesario para una dilución satisfactoria.

- Situar, si es posible, los extractores cerca de los focos de contaminación.

- Situar la extracción y el suministro de aire de forma que el aire pase a través de la zona contaminada.

- Reemplazar el aire extraído por aire limpio.

- Evitar las proximidades entre la salida y la entrada de aire para eliminar su recirculación.

Ventilación local o por extracción localizada

Estos sistemas se diseñan para captar y eliminar el contaminante en su origen, antes que se difunda al ambiente de trabajo. Básicamente, están constituidos por la campana, unos conductos, el equipo de depuración de aire y el ventilador.

El objetivo principal del sistema será producir una determinada velocidad de aire, cerca del foco contaminante, que venciendo las corrientes de aire existentes capture al contaminante y lo conduzca hacia la campana.

Estos sistemas de ventilación localizados deben verificarse tanto inicial como periódicamente para comprobar su eficacia, su mantenimiento y determinar la posibilidad de posibles modificaciones posteriores.

Pantallas, tabiques opacos o de vidrio

En algunas ocasiones, siguiendo con el principio de protección colectiva, conviene aislar la fuente del riesgo mediante la interposición de pantallas o tabiques. Estas barreras físicas ayudan a minimizar la exposición a factores de riesgo.

Así, por ejemplo, dentro del riesgo por estrés térmico (calor) una medida preventiva es el aislamiento de la fuente de calor a través de tabiques.

Otro ejemplo lo encontramos en los trabajos de soldeo, donde los puestos de soldadura se protegen o separan del resto de puestos de trabajo colocando unas pantallas de protección.

Barandillas

Las barandillas constituyen la mejor protección frente al riesgo de caída en aberturas y desniveles. Serán de materiales rígidos y resistentes, tendrán una altura mínima de 90 cm, dispondrán de barra o listón intermedio que impida el paso o deslizamiento por debajo de las mismas y dispondrán de rodapiés para evitar la caída de objetos sobre personas.

Redes de prevención, de protección y elásticas

Todas estas redes son protecciones colectivas que se utilizan para impedir o limitar la caída de personas desde alturas. Se soportan mediante cuerda, medidas de sujeción o combinación de ambas.

Permiten la libertad de movimientos de los trabajadores por encima del área que cubren. El ancho máximo de malla y la energía mínima de rotura están normalizados.

Resguardos fijos o móviles

Los resguardos son elementos de una máquina, o en general de un equipo de protección, que se utilizan específicamente para garantizar la protección mediante una barrera material.

Pueden ser fijos, móviles, regulables y autorregulables y protegen contra peligros mecánicos producidos por:

- **Elementos móviles de transmisión.** Ejes, poleas, árboles, rodetes, engranajes, etc.
- **Elementos móviles en general.** Herramientas, muelas, matrices, etc. que pueden generar diversos peligros.

Un resguardo fijo es el que se mantiene en su posición de protección (cerrado) de manera permanente (por ejemplo, por soldadura o remaches), o mediante elementos de fijación (por ejemplo, con tornillos, tuercas), que impiden que se pueda desplazar el resguardo (retirar o abrir), sin la utilización de una herramienta.

La solución más utilizada para hacer inaccesibles un conjunto de elementos peligrosos consiste en encerrarlos dentro de un resguardo fijo o móvil. Este resguardo puede tener partes transparentes o rejillas que permiten, si es necesario, la visibilidad de la zona peligrosa o su ventilación.

La protección perimétrica global se aplica, en general, cuando existen varios peligros en un mismo lugar y las intervenciones humanas son poco frecuentes o limitadas a labores de mantenimiento o ajustes específicos. Los medios de acceso que permiten realizar las operaciones de ajuste y de mantenimiento son, en general, puertas (resguardos móviles), provistas de un dispositivo de enclavamiento o de enclavamiento y bloqueo.

Los resguardos móviles son resguardos que están unidos al bastidor de la máquina o a un elemento fijo próximo, por ejemplo, mediante bisagras o guías de deslizamiento, y que se pueden abrir sin necesidad de utilizar ninguna herramienta. Cuando se encuentran en posición de cerrados, deben impedir o limitar el máximo posible el acceso a las zonas de peligro y, además, deben garantizar las distancias de seguridad necesarias.

El resguardo regulable (fijo o móvil) se puede regular en su totalidad o tiene partes regulables, destinadas a limitar el acceso a los órganos móviles de trabajo o a la herramienta, cuando estos no pueden hacerse totalmente inaccesibles. La regulación permanece fija mientras se realiza la operación, para evitar desplazamientos no deseados que puedan complicar la seguridad del trabajador.

El resguardo autorregulable es un resguardo móvil, accionado por una parte del equipo de trabajo (por ejemplo, una mesa móvil) o por la pieza a trabajar o incluso por una plantilla, que permite el paso de la pieza y después retorna automáticamente a la posición de cierre tan pronto como la pieza trabajada ha liberado la abertura, garantizando así una protección continua sin estorbar en las operaciones del equipo de trabajo.

2.6.2. Protección individual

Para combatir los riesgos de accidentes, resulta prioritaria la aplicación de medidas técnicas y organizativas adecuadas, destinadas a eliminar los riesgos en su origen o a proteger a los trabajadores mediante disposiciones de protección colectiva, que reduzcan al mínimo la exposición a peligros en el entorno laboral.

Cuando estas medidas se revelan insuficientes, o no pueden aplicarse totalmente, se impone la utilización de equipos de protección individual (EPI), a fin de prevenir los riesgos residuales que no se hayan podido eliminar y reducir la exposición del trabajador a peligros específicos.

Por tanto, desde el punto de vista preventivo e incluso legal a estos equipos se les otorga un carácter de última protección, es decir, se deben utilizar cuando los riesgos no puedan evitarse o limitarse suficientemente por medios técnicos de protección colectiva o mediante medidas, métodos o procedimientos de organización del trabajo.

Es, por tanto, por lo que constituyen el recurso final de la cadena preventiva.

DEFINICIÓN

Un equipo de protección individual es cualquier equipo destinado a ser llevado o sujetado por el trabajador para que le proteja de uno o varios riesgos que puedan amenazar su seguridad o su salud durante el desarrollo del trabajo, así como cualquier complemento o accesorio destinado a este fin.

Por ejemplo, algunos de los más comúnmente utilizados son:

- Para la protección de la cabeza: el casco.

- Para la protección de los oídos: los tapones y las orejeras.

- Para la protección de los ojos y la cara: las gafas de seguridad y las pantallas.

- Para la protección de las vías respiratorias: las máscaras y mascarillas autofiltrantes y los equipos de respiración autónoma.

- Para la protección contra caídas de altura: los cinturones y arneses de seguridad.

- Para la protección de manos y brazos: los guantes.

- Para la protección de pies y piernas: el calzado de seguridad.

- Para la protección del resto del cuerpo: los mandiles de cuero, los trajes aislantes del calor o el frío, etc.

NO se incluyen dentro de la definición de EPI:

- La ropa de trabajo corriente y los uniformes que no estén destinados a proteger la salud o la integridad física del trabajador.

- Los equipos de los servicios de socorro y salvamento.

- Los equipos de protección individual de los militares, policías, de las personas dedicadas al mantenimiento del orden y de los medios de transporte por carretera.

- El material de deporte, de autodefensa o de disuasión.

- Los aparatos portátiles para la detección y señalización de los riesgos.

NOTA

Una buena gestión y uso de los EPI es fundamental para que estos elementos cumplan su función correctamente, puesto que una protección puede perder toda o parte de su eficacia, incluso puede generar otros riesgos, si no cumple los requisitos de fabricación necesarios (certificación), se utiliza incorrectamente o no se adapta a los usuarios. La protección colectiva es aquella que protege a varias personas.

Clasificación

En función de la gravedad de los riesgos frente a los que protegen, los equipos de protección individual se pueden dividir en:

Categoría I	Protegen frente a riesgos mínimos (guantes de jardinero, dedales, etc.).
Categoría II	Los no incluidos en las categorías I o III (muchos tipos de calzado de seguridad).
Categoría III	Protegen de un peligro mortal o que puede dañar seriamente la salud (protecciones respiratorias filtrantes que protegen de gases tóxicos, etc.).

Condiciones que deben reunir

Los equipos de protección individual deberán:

- Ser adecuados a las condiciones existentes en el lugar de trabajo: temperatura, humedad ambiental, concentración de oxígeno, etc.

- Tener en cuenta las condiciones anatómicas, fisiológicas y de salud del trabajador: que no reduzcan la capacidad visual, auditiva, respiratoria.

- Adaptarse al trabajador tras los ajustes necesarios: si tiene barba, utiliza gafas, tiene algún defecto facial, etc.

- Ser compatibles entre sí y mantener la eficacia que tenían por separado, si se utilizan varios EPI simultáneamente.

- Ir acompañados de un folleto informativo sobre sus características, modo de empleo, modo de almacenamiento, correcto mantenimiento, accesorios y piezas de repuesto adecuadas y fecha de caducidad.

- Cumplir con la legislación en su diseño y fabricación:

  - los EPI de las categorías I y II deben llevar marcadas las siglas CE, o sus envases,

  - en los EPI de la categoría III aparecerá a continuación del marcado CE un número de cuatro cifras que indica el "organismo notificado" que le ha concedido dicho marcado.

Elección de los EPI

Para la elección de los EPI se recomienda llevar a cabo las siguientes actuaciones:

- Analizar y evaluar los riesgos que no puedan evitarse o limitarse suficientemente por otros medios.

- Definir las características que deben reunir los EPI en función tanto de la naturaleza y magnitud del riesgo, como de las condiciones ambientales del lugar y de las características del trabajador.

- Comparar las características de los EPI existentes en el mercado con las señaladas en el apartado anterior.

- Consultar a los trabajadores y escoger entre todos los EPI que reúnen las características buscadas, los que mejor se adaptan a sus necesidades.

Utilización y mantenimiento

La utilización, mantenimiento, limpieza, almacenamiento y reparación de los EPI se efectuará según lo especificado por el fabricante.

El manual de instrucciones estará a disposición de los trabajadores.

Solo podrán utilizarse para los usos previstos, excepto en casos excepcionales y deberán ser revisados antes de su utilización para detectar posibles anomalías.

El trabajador debe informar inmediatamente a su superior jerárquico directo de cualquier defecto o daño apreciado en su equipo que pueda entrañar una pérdida de su eficacia.

Cualquier equipo defectuoso, dañado o caducado será retirado y sustituido inmediatamente por otro nuevo.

En aquellas zonas en las que la utilización de un EPI es obligatoria deberá colocarse la correspondiente señal de uso obligatorio.

> **NOTA**
>
> El uso de EPI no certificados, modificados de forma no prevista por el fabricante, caducados o en mal estado equivale a no llevar nada, es decir, a estar expuesto al riesgo.

Protección del cráneo

El casco de protección (o de seguridad) es el más extendido, hay gran variedad de modelos. Su función principal es proteger la parte superior de la cabeza contra la caída de objetos. También pueden proteger adicionalmente frente a otros riesgos como el contacto eléctrico accidental.

Protección de la cara y del aparato visual

Gafas de protección de montura universal

Están formadas por dos oculares montados sobre una montura generalmente de policarbonato o metal (de aspecto similar a las monturas que se suelen utilizar para las gafas graduadas), en ocasiones ambos oculares junto a la montura

forman una pieza única, denominándose en este caso «gafas de protección de montura universal panorámicas». La mayoría de los diseños de gafas de protección de montura universal disponen de protecciones laterales, con objeto de garantizar una adecuada protección de la región orbital del usuario.

Los usuarios que tengan defectos de visión pueden utilizar gafas de protección con lentes graduadas, o bien utilizar gafas de protección panorámicas sobre las gafas graduadas.

Gafas de protección de montura integral

Están formadas por una montura de plástico flexible, con ocular panorámico (que cubre ambos ojos) y banda elástica que se ajusta a la cabeza. Proporcionan protección de los ojos desde todos los ángulos al estar completamente ajustadas a la cara. Los sistemas de ventilación que presente la montura integral son útiles para evitar que se empañen pero no son compatibles en determinados casos, así las gafas de montura integral que disponen de sistemas de ventilación directa no son adecuadas para la protección contra gases y partículas de polvo fino, protección frente a partículas de polvo gruesas y hermeticidad frente a gotas de líquidos. Si la montura integral dispone de un sistema de ventilación indirecta, el protector puede reunir los requisitos de protección frente a partículas de polvo gruesas y hermeticidad frente a gotas de líquidos.

Pantallas faciales

Disponen de un ocular que cubre toda la región ocular y parte o toda la cara, sobre una montura con arnés de cabeza o acoplable a casco. En el caso de las pantallas para soldador existen también pantallas de mano, destinadas a ser sujetadas por el usuario. La mayoría pueden llevarse con gafas graduadas. Protegen la cara, pero no aíslan completamente los ojos.

Protección del aparato auditivo

Los protectores auditivos pueden clasificarse en función de su modo de colocación y de su modo de funcionamiento.

En función de su modo de colocación o diseño, existen varios tipos.

Orejeras

Consisten en dos casquetes que cubren los pabellones auditivos que se adaptan a la cabeza, produciendo un sellamiento acústico mediante unas almohadillas flexibles rellenas de espuma o líquido viscoso. Las superficies internas de los casquetes están rellenas de material absorbente del sonido. Los casquetes están unidos mediante una banda de plástico o metal (arnés) que ejerce presión a ambos lados de la cabeza. A veces, puede existir una cinta de cabeza para sostener los casquetes cuando el arnés se coloca detrás de la cabeza o debajo de la barbilla. Las orejeras pueden ser con arnés de cabeza, de nuca, bajo la barbilla o universal (que admite todas las posiciones mencionadas).

Orejeras acopladas a cascos de protección

Consisten en dos casquetes unidos a brazos regulables que se fijan en un casco de protección. El conjunto se considera un tipo de protector auditivo específico.

Tapones

Se colocan dentro o a la entrada del conducto auditivo, formando un sellamiento. Pueden disponer de un arnés o cordón de unión (para evitar que se pierdan).

Otra característica es que pueden ser reutilizables o desechables (de un solo uso). Entre ellos podemos distinguir diferentes tipos como los indicados a continuación.

Tapones moldeables por el usuario

Están fabricados con materiales que pueden comprimirse, además también darles forma previamente a ser introducidos en el conducto auditivo en cuyo interior se expanden sellando la entrada.

Tapones premoldeados

Se introducen en el conducto auditivo directamente, sin darle forma previamente. Suelen fabricarse en silicona, goma o plástico. Pueden tener diferentes tamaños.

Tapones con arnés

Pueden ser moldeables o premoldeados y están unidos por un arnés que los presiona dentro o a la entrada del conducto auditivo. Cuando están diseñados para colocarse en la entrada del conducto auditivo, se denominan semiaurales.

Tapones personalizados

Se fabrican individualmente para que se adapten al conducto auditivo de un usuario concreto.

Protección de las extremidades superiores

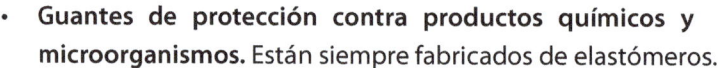

- **Guantes de protección contra riesgos mecánicos.** Pueden ser textiles, de elastómeros o de cuero.

- **Guantes de protección contra cortes y pinchazos.** Pueden ser de malla metálica, textiles y cuero.

- **Guantes de protección contra productos químicos y microorganismos.** Están siempre fabricados de elastómeros.

- **Guantes de protección contra el frío y guantes que proporcionan protección contra riesgos térmicos (calor y fuego).**

- **Guantes de protección contra riesgos eléctricos.** Son aislantes de la electricidad (incluyen manoplas, son de materiales plásticos o elastómeros y pueden usarse directamente o debajo guantes de protección mecánica). Otros sirven para disipar la acumulación de carga electrostática.

- **Guantes de protección contra radiación ionizante.** Pueden tener varias capas y contener plomo u otros metales pesados en alguna de sus capas como medio atenuante. Pueden ir unidos permanentemente a un recinto de confinamiento.

- **Guantes de protección antivibraciones.** Pueden proporcionar una atenuación significativa en un determinado rango de frecuencias.

Protección de las extremidades inferiores

Se consideran equipos de protección de pies o piernas al calzado de seguridad, calzado de protección o calzado de trabajo, que cubra el pie y parte de la pierna con el propósito de proporcionar protección frente a un riesgo específico. Podríamos hablar de tres tipos de calzado.

El calzado de seguridad está equipado con tope de seguridad y diseñado para ofrecer protección contra el impacto cuando se ensaya con un nivel de energía de al menos 200 J y contra compresión cuando se ensaya con una carga de al menos 15 kN.

El calzado de protección está equipado con tope de seguridad y diseñado para ofrecer protección contra el impacto cuando se ensaya con un nivel de energía de al menos 100 J y contra compresión cuando se ensaya con una carga de al menos 10 kN.

El calzado de trabajo no garantiza protección contra el impacto y la compresión en la parte delantera del pie, pero incorpora elementos para proteger al usuario de riesgos que puedan dar lugar a accidentes.

La selección del equipo se llevará a cabo una vez que hayan sido definidos los riesgos en el lugar de trabajo, de esta manera se puede decidir el tipo de equipo y el nivel de protección requerido.

Ejemplo

Si hay riesgo de caída de objetos se usará un calzado con protector en puntera o metatarso.

Si en el lugar de trabajo pueden ocurrir pisadas sobre objetos punzantes o cortantes, el calzado tendrá una plantilla resistente a la perforación.

Si existe riesgo de contacto eléctrico, el calzado será aislante.

Protección de vías respiratorias

En este apartado trataremos las mascarillas autofiltrantes frente a partículas que se deben utilizar cuando exista riesgo de inhalación de aerosoles sólidos o líquidos (polvo, humo, fibras, niebla…) y dicho riesgo no haya podido evitarse o limitarse suficientemente por otros medios.

También puede ser necesaria su utilización en trabajos de corta duración o poco frecuentes.

La mascarilla deberá tener grabada siempre obligatoriamente el marcado CE, la marca, modelo y talla (en caso de no ser universal). También debe indicar la norma europea que cumple y su grado de eficacia, FFP1, FFP2 o FFP3 (la protección se incrementa conforme aumenta la numeración).

Por supuesto, antes de su utilización hay que leer la información suministrada por el fabricante en el folleto, ya que esto te permitirá comprobar las condiciones de uso, el modo de ajuste, las limitaciones, su almacenamiento, etc.

Las mascarillas autofiltrantes deben ser utilizadas por personal que ha sido previamente formado en su uso. De esta manera se advertirán las pautas básicas para un correcto ajuste de la mascarilla.

Protección contra agresivos

La ropa de protección debe ofrecer una protección específica frente a uno o varios riesgos, ya que si no la ofrece, se considera ropa de trabajo y por tanto no se considera un EPI. En función del diseño, se pueden distinguir dos tipos principales de ropa de protección:

- Prendas individuales, como chaquetas, manguitos, pantalones, delantales, capuchas, polainas, etc., que solo cubren parte del cuerpo.

- Monos y trajes, que cubren el cuerpo completo, pudiendo llevar capucha o no.

Atendiendo al riesgo frente al que han sido diseñadas, se destacan las prendas más habituales:

- **Ropa de protección contra ambientes fríos.** Con materiales indicados para ambientes con una temperatura del aire superior a -5 °C.

- **Ropa de protección contra la lluvia.** Con materiales y costuras con propiedades de impermeabilidad al agua y resistencia a la transmisión del vapor para proteger de los efectos de la lluvia, nieve, niebla, etc.

- **Ropa de protección contra el calor y la llama.** Existen distintas clases de protección contra riesgos térmicos, con distintos requisitos. Así, hay ropa para contactos breves y ocasionales con pequeñas llamas, sin presencia de otros tipos de calor o ropa que protege frente a presencia de distintos tipos de calor o a salpicaduras de metales fundidos, por ejemplo, la ropa de protección frente a los riesgos térmicos derivados del arco eléctrico. Adicionalmente, para ciertas aplicaciones concretas, hay ropa específica como para bomberos, bomberos forestales, actividades de soldeo, etc.

Prendas de señalización

En algunas actividades laborales, y en determinados entornos de trabajo, se requerirá que los trabajadores sean claramente visibles.

La normativa exige a los trabajadores expuestos al riesgo de atropello, colisión o impacto por vehículos o maquinaria en movimiento llevar equipos de alta visibilidad apropiados.

La ropa de señalización de alta visibilidad está destinada a señalizar visualmente la presencia del usuario, con el fin de que este sea fácilmente detectado en condiciones de riesgo, bajo cualquier tipo de luz diurna y bajo la luz de los faros de un vehículo en movimiento en la oscuridad o en situaciones de baja visibilidad, como niebla o lluvia intensa.

Protección contra caídas en altura

Los sistemas de protección individual contra caídas protegen al usuario previniendo o previendo las caídas libres o deteniéndolas de manera controlada en caso de que ocurran.

Todo sistema consta de varios componentes o equipos (EPI), incluyendo siempre un dispositivo de prensión del cuerpo que se conecta a un anclaje mediante un sistema de conexión, como una cuerda o una eslinga.

Las características de estos equipos dependerán del uso previsto del sistema. Se distinguen los siguientes tipos:

- **Sistema de retención.** Impide que el usuario alcance zonas en las que existe riesgo de caída de altura, restringiendo su desplazamiento, de manera que no pueda acceder a bordes sin protección, aberturas o zonas de peligro.

- **Sistema de sujeción (o de posicionamiento).** Permite al usuario trabajar apoyado en tensión o suspensión de forma que previene una caída libre. Este sistema permite al usuario tener ambas manos libres para trabajar. El usuario normalmente cuenta con el equipo para que le sostenga, por lo que suele ser necesario complementarlos con una protección adicional (por ejemplo un sistema anticaídas), como salvaguardia.

- **Sistema de acceso mediante cuerda.** Permite al usuario acceder o salir del lugar de trabajo, de forma que se previene o detiene una caída libre, mediante el uso de dos subsistemas asegurados por separado (línea de trabajo y línea de seguridad).

- **Sistema anticaídas (o de detención de caídas).** Detiene una caída libre y limita la fuerza de impacto que actúa sobre el usuario durante la detención de la misma. Tales sistemas no impiden la caída libre, pero limitan la longitud de la misma y proporcionan suspensión tras su detención, reduciendo la posibilidad de traumatismos o golpes fuertes.

Autoevaluación

1. En el manejo de herramientas y equipos, ¿cuál es una medida clave para prevenir accidentes?

 ☐ a) Utilizar herramientas sin realizar revisiones periódicas.

 ☐ b) Seguir las instrucciones del fabricante y revisar cables y conexiones.

 ☐ c) Ignorar el mantenimiento para ahorrar tiempo.

2. ¿Qué riesgo se minimiza al utilizar guantes y protección ocular durante el uso de herramientas?

 ☐ a) Cortes, abrasiones y lesiones oculares.

 ☐ b) La fatiga mental por exceso de trabajo.

 ☐ c) La exposición a vibraciones excesivas.

3. En la manipulación de sistemas e instalaciones eléctricas, es fundamental:

 ☐ a) Confiar en la apariencia del cableado sin comprobar la tensión.

 ☐ b) Cortar la fuente de tensión y bloquear dispositivos antes de intervenir.

 ☐ c) Operar sin seguir protocolos establecidos para ahorrar tiempo.

4. ¿Cuál es un error frecuente en el manejo de instalaciones que puede aumentar los riesgos?

☐ a) Señalizar correctamente la zona de trabajo.

☐ b) Manipular cables sin verificar el estado o sin desconectar la fuente de energía.

☐ c) Usar equipos aislantes para trabajos en tensión.

5. Respecto al almacenamiento de cargas, ¿qué acción es esencial para prevenir accidentes?

☐ a) Estibar y sujetar adecuadamente los elementos para evitar desplazamientos.

☐ b) Apilar los objetos sin ningún tipo de sujeción para maximizar el espacio.

☐ c) Dejar que sobresalgan de las estanterías para facilitar el acceso.

6. Durante el transporte manual de cargas, ¿cuál de las siguientes medidas es la más recomendada?

☐ a) Levantar objetos de manera incorrecta para aumentar la velocidad.

☐ b) Utilizar técnicas ergonómicas y, en cargas pesadas, sistemas de elevación o ayuda en equipo.

☐ c) Realizar movimientos bruscos sin descansar.

7. El control del ambiente de trabajo es importante para reducir riesgos. ¿Qué medida es clave?

☐ a) Aumentar el número de trabajadores en espacios reducidos.

☐ b) Garantizar una ventilación adecuada para eliminar contaminantes.

☐ c) Ignorar la iluminación, ya que no afecta la seguridad.

8. La exposición a niveles elevados de ruido se controla mediante:

☐ a) Incrementar la cantidad de maquinaria en el área.

☐ b) Utilizar sistemas de aislamiento acústico y protectores auditivos.

☐ c) Reducir el mantenimiento de las máquinas.

9. ¿Cuál es una medida preventiva para minimizar la fatiga derivada de la carga de trabajo?

☐ a) Programar descansos regulares y organizar adecuadamente las tareas.

☐ b) Eliminar los periodos de descanso para aumentar la producción.

☐ c) Incrementar la jornada laboral sin ajustes.

10. La carga mental se relaciona con:

☐ a) La decoración del puesto de trabajo.

☐ b) El esfuerzo cognitivo y la cantidad de información procesada durante la tarea.

☐ c) La única intensidad del trabajo físico.

Actuación en emergencias y evacuación

3

¿Qué?

Normas básicas de actuación en emergencias.

3.1. Tipos de accidentes

Los accidentes laborales se pueden clasificar en distintos tipos según su causa o la actividad en la que ocurren.

Accidentes por caídas

- De altura: ocurren cuando una persona cae desde un lugar elevado, como escaleras, andamios, tejados, plataformas o cualquier otra estructura elevada.

- Al mismo nivel: se producen al tropezar o resbalar en superficies planas, sin que exista un desnivel significativo.

Ejemplo

De altura ⇨ Un trabajador de mantenimiento pierde el equilibrio mientras cambia una bombilla en una escalera sin asegurarse correctamente con un punto de apoyo estable o un sistema de sujeción adecuado.

Al mismo nivel ⇨ Una persona resbala en un pasillo mojado sin señalización.

Accidentes por golpes o choques

- Contra objetos fijos: involucran golpes contra muebles, estanterías, o equipos mal ubicados.

- Por objetos en movimiento: incluyen accidentes causados por herramientas, vehículos o maquinaria.

Ejemplo

Contra objetos fijos ⇨ Un empleado se golpea la cabeza con una repisa baja en un almacén.

Objetos en movimiento ⇨ Un trabajador es golpeado por una carretilla elevadora mientras organiza cajas en el almacén.

Accidentes por atrapamiento

- Estos ocurren cuando una parte del cuerpo queda atrapada en máquinas o entre objetos.

Ejemplo

Un operario no utiliza la protección adecuada en una máquina y su mano queda atrapada entre los rodillos.

Accidentes por exposición a sustancias peligrosas

- Incluyen intoxicaciones, quemaduras químicas o reacciones alérgicas.

Ejemplo

Un técnico derrama un producto químico en sus manos porque no usó guantes de protección.

Accidentes por sobreesfuerzo o posturas inadecuadas

- Se generan al levantar objetos pesados, realizar movimientos repetitivos o trabajar en posturas incorrectas.

Ejemplo

Un empleado de oficina sufre dolor lumbar por sentarse sin una silla ergonómica durante largos periodos.

Accidentes eléctricos

- Relacionados con contacto directo o indirecto con instalaciones eléctricas.

Ejemplo

Un electricista sufre una descarga al manipular un cable sin desconectar la corriente.

Accidentes por incendios o explosiones

- Estos accidentes se deben a fallos en instalaciones eléctricas, el almacenamiento inadecuado de materiales inflamables, fugas de gases combustibles o malas prácticas de seguridad.

Ejemplo

Un corto circuito en una instalación eléctrica defectuosa provoca un incendio en una oficina sin extintores accesibles.

3.2. Evaluación primaria del accidentado

En cualquier accidente se debe activar el sistema de emergencia, debemos recordar la secuencia de actuación PAS, que está formada por las iniciales de las tres actuaciones secuenciales para empezar a atender al accidentado, que podría resumirse así:

PAS

1. PROTEGER

2. AVISAR

3. SOCORRER

PROTEGER

Este es el primer y más importante paso. Consiste en asegurar el lugar del accidente para evitar que se produzcan nuevos accidentes o que la situación empeore. Tanto la víctima como tú y otras personas presentes deben estar a salvo.

Proteger el lugar

– **Evalúa la escena.** Antes de acercarte, observa la situación general y el contexto del incidente. ¿Hay peligros evidentes como tráfico, cables sueltos, derrumbes, incendios, etc.?

- **Elimina los peligros (si es posible y seguro).** Si puedes hacerlo sin ponerte en riesgo, intenta eliminar la fuente del peligro. Por ejemplo, si hay un cable suelto, corta la corriente (si sabes cómo hacerlo de forma segura). Si hay un objeto que obstruye el paso, retíralo.

- **Señaliza la zona.** Si hay peligro de tráfico, señaliza la zona con triángulos de emergencia, luces de emergencia del vehículo o cualquier otro elemento visible para alertar a otros conductores.

- **Crea un perímetro de seguridad.** Delimita un área segura alrededor del accidente para evitar que personas curiosas se acerquen y entorpezcan la ayuda o se pongan en peligro.

Proteger a la víctima

- **No mover a la víctima.** Solo se debe mover a una persona si su vida corre peligro inmediato (por ejemplo, un incendio, un derrumbe o una explosión). Mover a una persona con lesiones graves, especialmente en la columna vertebral, puede empeorar su estado.

- **Mantener a la víctima caliente.** Si hace frío, cubre a la persona con una manta o ropa para evitar la hipotermia.

- **Tranquilizar a la víctima.** Habla con la persona de forma calmada y tranquilizadora. Explícale que estás allí para ayudarla y que los servicios de emergencia ya están en camino.

AVISAR

- **Avisar a los servicios de emergencia.** Una vez que has asegurado la zona, el siguiente paso es alertar a los servicios de emergencia. Siempre que sea posible avisaremos a los servicios sanitarios (médico, ambulancia, etc.) de la existencia del accidente, y así activaremos el sistema de emergencia, para inmediatamente empezar a socorrer en espera de ayuda.

- **Llama al 112 (o al número de emergencias local).** Este es el número único de emergencias en España. Te pondrá en contacto con la policía, los bomberos o los servicios médicos, según la necesidad.

- **Sé claro y conciso.** Proporciona la siguiente información:
  - Tu nombre.

- El lugar exacto del accidente (calle, número, punto kilométrico, etc.).

- El tipo de accidente que ha ocurrido (accidente de tráfico, incendio, caída, etc.).

- El número de personas heridas y su estado aparente.

- Cualquier otra información relevante (por ejemplo, si hay atrapados, si hay riesgo de explosión, etc.).

– **No cuelgues hasta que te lo indiquen.** El operador puede necesitar más información.

SOCORRER

Una vez que has protegido y avisado, puedes comenzar a atender a la víctima, siempre y cuando no pongas en riesgo tu propia seguridad y tengas conocimientos básicos de primeros auxilios. Debes mantener la calma y actuar de manera organizada.

– **Prioriza las lesiones más graves.** Atiende primero las hemorragias graves, la falta de respiración o la inconsciencia.

– **No hagas más de lo que sabes.** Si no tienes conocimientos de primeros auxilios, limítate a tranquilizar a la víctima y a mantenerla caliente. No intentes realizar maniobras que no conoces, ya que podrías empeorar la situación.

– **Sigue las indicaciones del operador del 112.** Si te dan instrucciones por teléfono, sigue al pie de la letra las instrucciones que te proporcionen. No improvises ni tomes decisiones apresuradas.

3.3. Primeros auxilios

Podemos resumir en una serie de pautas los principios generales sobre primeros auxilios:

1. Conservar la calma y actuar rápidamente, sin hacer caso de la opinión de los curiosos.

2. Manejar al accidentado con suavidad y precaución.

3. Tranquilizar al accidentado, dándole ánimos, mitigando su preocupación.

4. Tumbar a la víctima sobre el suelo en el mismo lugar donde se haya producido el accidente, colocándole de costado, con la cabeza hacia atrás o inclinada hacia un lado.

5. Proceder a un examen general para comprobar los efectos del accidente (fractura, hemorragia, quemadura, pérdida de conocimiento, etc.), así como las posibles condiciones de peligrosidad del lugar en que se encuentra la víctima.

6. A menos que sea absolutamente necesario (ambientes peligrosos, electrocución, etc.), no retirar al accidentado del lugar en que se encuentra hasta que se conozca con seguridad su lesión y se le hayan impartido los primeros auxilios.

7. Lo primero, atender la respiración y las posibles hemorragias.

8. No dar de beber jamás en caso de pérdida de conocimiento.

9. Procurar que la víctima no se enfríe, tapándola con mantas y manteniendo el ambiente a una temperatura agradable.

10. Avisar al médico más próximo, dándole los datos conocidos para que pueda indicar las medidas a adoptar hasta su llegada.

11. Trasladar al accidentado, una vez atendido, hasta el puesto de socorro u hospital más próximo.

3.4. Socorrismo

Reanimación cardiopulmonar

El ritmo que debe mantenerse al realizar el boca a boca y masaje cardíaco es 2 insuflaciones y 15 compresiones, que son 12 y 16 por minuto.

Hay que cerciorarse de que las vías respiratorias estén libres, manteniendo la cabeza hacia atrás y la mandíbula hacia arriba, ver figura adjunta.

Se ponen los labios sobre la boca y se insufla aire tapándole la nariz.

Si la boca del accidentado está cerrada, con los dientes apretados, se le insufla aire por la nariz, para evitar que este se escape, y se tapan los labios con el dedo pulgar.

Impulso hacia arriba — • Punto de apoyo, articulación de la cadera

Impulso hacia abajo — ↕ Depresión de 4 a 5 cm

Hemorragias

Los puntos a seguir son:

- En la zona o punto que está sangrando se aplican gasas o paños limpios; si no cesa, se añade más gasa a la anterior y se hace compresión.
- Encima de la arteria que está sangrando, se presiona con los dedos.
- Se trasladará al herido al centro médico más próximo o se solicitará una ambulancia.
- No se debe manipular nunca una herida ni usar pomadas.
- Si se tapan con gasa estéril, se lavará la herida con agua y jabón.

Quemaduras

Las pautas que se seguirán son:

- Se aplicará abundante agua sobre la quemadura durante 15 minutos como mínimo.
- Se quitará todo lo que haya quedado impregnado de líquido caliente, como puede ser joyas, ropa, etc.

- No se usarán pomadas.

- Se cubrirán las quemaduras con gasa estéril.

- Se trasladará al herido al centro médico más próximo o se solicitará una ambulancia.

Desmayos

Se tumbará al accidentado con la cabeza más baja que el cuerpo, por ejemplo, poniéndole las piernas sobre una silla, una almohada o cualquier superficie elevada. Aflojar la ropa ajustada. Asegurar una buena ventilación. No darle líquidos ni alimentos hasta que recupere completamente la consciencia

Convulsiones

Se colocará tumbado en un lugar donde no pueda hacerse daño.

Durante las convulsiones, nunca se deben impedir los movimientos que se sucedan. Para impedir que con las convulsiones se muerda la lengua, se le pondrá un pañuelo (o algo de ropa) doblado entre los dientes.

Proyecciones en los ojos

Los daños oculares por salpicadura causados por productos químicos, se solventan de igual modo que los que ocurren con los refrigerantes.

Si la lesión es la entrada de un cuerpo extraño, lo que debemos hacer es: NO manipular, NO frotar los ojos, tapar el ojo con una gasa limpia e ir a un centro médico.

Tóxicos

Si se observan síntomas de asfixia, se hará la respiración artificial boca a boca.

Se colocará a la víctima tumbada en la posición denominada seguridad, ver figura adjunta, y se evitará que coja frío, se tapará con una manta. Se trasladará al accidentado a un centro médico.

En el caso de que el tóxico se haya ingerido, se debe provocar el vómito, excepto en casos específicos en los que la información del producto recomiende lo contrario.

3.5. Situaciones de emergencia

Una emergencia es una situación imprevista que puede poner en peligro a personas, bienes o el medio ambiente, requiriendo una actuación rápida y organizada.

Cuando ocurre alguna de estas circunstancias, se dice que hay una situación de emergencia y se puede clasificar en:

Conato de emergencia	Emergencia parcial	Emergencia general	Evacuación

- **Conato de emergencia**

  Situación que puede ser neutralizada con los medios contra incendios y emergencias disponibles en el lugar donde se produce, por el personal presente en el lugar del incidente.

- **Emergencia parcial**

  Emergencia que no puede ser neutralizada de inmediato como un conato y obliga al personal presente a solicitar la ayuda de un grupo de lucha más preparado que dispone de mayores medios contra incendios y emergencias.

- **Emergencia general**

  Emergencia que supera la capacidad de los medios humanos y materiales contra incendios y emergencias establecidos en el centro de trabajo y obliga a alterar toda la organización habitual de la empresa, teniéndose que solicitar ayuda al exterior.

- **Evacuación**

  Situación de emergencia que obliga a desalojar total o parcialmente el centro de trabajo de forma ordenada y controlada.

3.6. Planes de emergencia y evacuación

La clave para afrontar cualquier emergencia es la preparación previa y el conocimiento de los protocolos de actuación.

Todo plan de emergencia debe contemplar tres aspectos fundamentales:

- la prevención (medidas para evitar la emergencia),

- la detección (sistemas para identificar rápidamente la emergencia) y

- la respuesta (acciones organizadas para minimizar las consecuencias).

La Ley de Prevención de Riesgos Laborales establece que el empresario analizará las posibles situaciones de emergencia y adoptará las medidas necesarias en materia de:

- Primeros auxilios.

- Lucha contra incendios.

- Evacuación de los trabajadores.

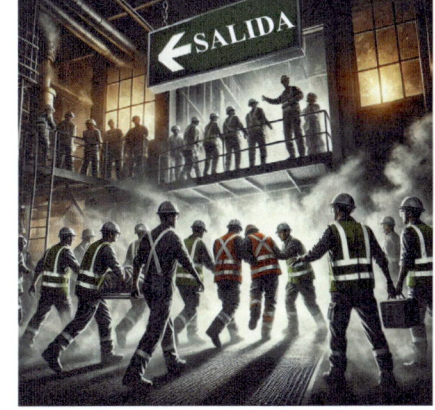

Para conseguir estos requerimientos deberá:

- Designar el personal encargado de poner en práctica todas estas medidas, que deberá recibir la formación adecuada a la tarea asignada.

- Establecer pautas de actuación que deberán ser conocidas y comprendidas por todo el personal implicado.

- Organizar la colaboración de los recursos externos (protección civil, bomberos, policía, servicios médicos de emergencia, etc.) a desarrollar en caso de una situación de emergencia.

- Revisar y comprobar periódicamente el correcto funcionamiento de las medidas.

IMPORTANTE

Para cada situación de emergencia, debe existir un plan de actuación, una organización y unos medios de lucha.

Implantación del plan de emergencias

Para que un plan de emergencias sea operativo, es necesario llevar a la práctica un conjunto de acciones:

- **Implantación.** Establecer dentro de la organización el plan de emergencias.
- **Divulgación.** Dar a conocer a los diferentes miembros de la organización su función dentro del plan y el protocolo de actuación en cada caso.
- **Formación.** Formar a cada miembro de la organización de acuerdo con el papel asumido dentro del plan.
- **Simulacros.** Con el objetivo de adiestrar al personal en las funciones asignadas, es conveniente realizar periódicamente simulacros donde se ponga en práctica el plan de emergencias.

3.7. Información de apoyo para la actuación de emergencias

Pautas para un conato de emergencia

Ante un conato de emergencia, cualquier trabajador debidamente informado y capacitado podría realizar las actuaciones siguientes, que serían las básicas correspondientes a los equipos de primera intervención (EPI):

- Usar los medios disponibles contra incendios y emergencias, tales como extintores, bocas de incendio equipadas, mantas ignífugas o cualquier otro recurso de emergencia accesible.

- No arriesgarse inútilmente, ni provocar un riesgo mayor, lo prioritario es la seguridad personal y la de los demás.

- Iniciar la alarma comunicando con el centro de control de emergencias, por los medios previstos para ello.

Pautas para una emergencia parcial

Cualquier trabajador ante una emergencia si, según su criterio, la considera de mayor importancia que un conato, debería comunicarlo por los medios establecidos (megafonía, alarma, teléfono, etc.).

Pautas para una emergencia general

La declaración de emergencia general estaría realizada por las personas de la empresa autorizadas para ello, quienes se encargarán de comunicarlo al resto del personal a través de los canales establecidos, como megafonía, sistema de alarmas o dispositivos de aviso.

Cualquier trabajador de la empresa se incorporaría al grupo que le corresponda según la organización establecida para la emergencia, asegurándose de cumplir con las funciones y responsabilidades asignadas.

Aplicación práctica en entornos de soldadura y construcción

Incendios por trabajos de soldadura

En estos entornos, los incendios son uno de los riesgos más significativos, debido a la presencia de materiales inflamables, chispas y altas temperaturas. Si se detecta un incendio mientras se realiza un trabajo de soldadura, se deben seguir las siguientes pautas:

- Primero, corta inmediatamente la alimentación de gases y electricidad.
- Utilizar los extintores adecuados según el tipo de fuego (normalmente tipo ABC para estos entornos)
- Si el fuego no se puede controlar rápidamente, activar la alarma y evacuar la zona.
- Nunca usar agua sobre fuegos eléctricos o de metales, ya que esto podría agravar la situación, provocando explosiones o descargas eléctricas.

Emergencias por fugas de gases

En caso de detectar una fuga en las botellas o conducciones:

- Cerrar inmediatamente las válvulas o conducciones si es posible hacerlo de forma segura, evitando que la fuga se siga propagando.
- Ventilar la zona abriendo puertas y ventanas, asegurando que el gas se disperse y no se acumule en espacios cerrados.

- No accionar interruptores ni equipos eléctricos, ya que una simple chispa podría provocar una combustión peligrosa.

- Evacuar el área y avisar a los servicios de emergencia, proporcionando información detallada sobre el tipo de gas y la magnitud de la fuga.

Accidentes por quemaduras o contactos eléctricos

Los accidentes relacionados con quemaduras térmicas o contactos eléctricos pueden tener consecuencias graves si no se actúa de manera rápida y efectiva. Debemos seguir un protocolo adecuado para y evitar que la situación se agrave:

- Desconectar inmediatamente la fuente de energía, debemos tener la seguridad de que no haya corriente activa en la zona del accidente antes de intervenir.

- No tocar directamente a la víctima en caso de electrocución hasta asegurarse de que está desconectada la corriente.

- En caso de quemaduras, aplicar agua fría (no helada) durante al menos 10 minutos, para reducir el daño térmico en la piel y aliviar el dolor.

- Avisar a los servicios médicos lo antes posible y, si se sospecha que la persona puede tener lesiones internas o fracturas, no moverla hasta la llegada de profesionales sanitarios.

Evacuación en obras y talleres

La evacuación en estos entornos tiene características especiales:

- Identificar previamente las rutas de evacuación, ya que pueden modificarse a medida que avanza la obra o por cambios en la distribución del espacio de trabajo.

- Establecer puntos de encuentro en zonas seguras y alejadas de la zona de trabajo.

- Designar responsables de planta o zona que verifiquen que no queda ningún trabajador atrapado dentro del área de trabajo.

- Mantener siempre despejadas las vías de evacuación, sin materiales, ni herramientas, ni equipos que obstaculicen el paso o dificulten la salida rápida y segura.

Recomendaciones prácticas

Para estar preparados ante emergencias:

- Conocer la ubicación de los medios de extinción más cercanos, como extintores, bocas de incendio, mangueras y mantas ignífugas, y saber cómo usarlos de modo correcto.

- Identificar las salidas de emergencia y rutas de evacuación, que deben estar bien señalizadas y ser fácilmente accesibles en cualquier momento.

- Tener localizados los números de emergencia y el protocolo de aviso, sabiendo quién debe ser notificado primero y cuál es el procedimiento adecuado para informar sobre un incidente.

- Participar en los simulacros y formaciones sobre emergencias para familiarizarse con las acciones a seguir.

- Mantener la calma y seguir las instrucciones de los responsables de emergencia, evitando correr, generar confusión o realizar acciones que puedan poner en peligro a otros compañeros.

Autoevaluación

1. En la clasificación de accidentes laborales, ¿cuál de las siguientes opciones representa un accidente por caída?

☐ a) Exposición a sustancias tóxicas.

☐ b) Caída desde una escalera o andamio.

☐ c) Golpe debido a sobreesfuerzo.

2. El método PAS utilizado en la evaluación primaria del accidentado significa:

☐ a) Proteger, Avisar y Socorrer.

☐ b) Proteger, Asistir y Salvar.

☐ c) Prevenir, Aislar y Socorrer.

3. ¿Cuál es la razón principal para no mover a la víctima de inmediato durante la evaluación primaria?

☐ a) Porque moverla sin precaución puede agravar lesiones, especialmente en la columna.

☐ b) Para permitir que la víctima se recupere por sí sola.

☐ c) Por cuestiones de protocolos administrativos.

4. Al avisar a los servicios de emergencia, ¿qué información es esencial proporcionar?

☐ a) El color de la vestimenta del accidentado.

☐ b) La ubicación exacta, el tipo de accidente y el número de personas afectadas.

☐ c) Solo el lugar aproximado del accidente.

5. En primeros auxilios, ¿qué acción se recomienda al encontrar a una víctima inconsciente?

☐ a) Darle líquidos inmediatamente.

☐ b) Conservar la calma, evaluar la situación y colocar a la víctima en posición lateral de seguridad.

☐ c) Moverla bruscamente a un lugar diferente sin evaluar el entorno.

6. ¿Cuál es una medida esencial para controlar una hemorragia en la aplicación de primeros auxilios?

☐ a) Aplicar presión directa con gasas limpias sobre la herida.

☐ b) Lavar la herida con agua caliente sin detener el sangrado.

☐ c) Administrar medicamentos sin intervenir físicamente.

7. En el socorrismo, ¿qué procedimiento es crucial para garantizar la apertura de las vías respiratorias?

☐ a) Inclinar la cabeza hacia atrás y elevar la mandíbula.

☐ b) Sacudir al accidentado para estimular la respiración.

☐ c) Cubrir la boca para evitar la propagación de gérmenes.

8. La proporción recomendada en RCP, según el protocolo, es:

☐ a) 15 compresiones por 2 insuflaciones.

☐ b) 20 compresiones por 1 insuflación.

☐ c) 10 compresiones por 3 insuflaciones.

9. En una situación de emergencia, ¿qué define un conato de emergencia?

☐ a) Una situación inofensiva que no requiere intervención.

☐ b) Una situación que puede ser neutralizada con los medios disponibles en el lugar.

☐ c) Una emergencia que requiere asistencia externa inmediata.

10. ¿Cuál es el principal objetivo durante una evacuación ordenada?

☐ a) Salir de manera rápida y sin coordinación.

☐ b) Seguir las rutas de evacuación señalizadas y dirigirse a los puntos de encuentro establecidos.

☐ c) Esperar a que la emergencia se resuelva sin evacuar.

11. Un plan de emergencia debe incluir medidas de prevención, detección y:

☐ a) Respuesta, para minimizar consecuencias y proteger a las personas.

☐ b) Solo respuesta, sin necesidad de prevención.

☐ c) Comunicación interna exclusiva sin acciones concretas.

12. ¿Cuál es el propósito de realizar simulacros de emergencia?

☐ a) Familiarizar al personal con los protocolos y detectar fallos en el plan.

☐ b) Crear un ambiente de estrés innecesario.

☐ c) Solo cumplir con normativas sin impacto real.

13. En la información de apoyo para emergencias, ¿qué característica es esencial?

☐ a) Que sea accesible y clara para todos los trabajadores.

☐ b) Que esté restringida a la alta dirección.

☐ c) Que sea compleja y de difícil interpretación para evitar mal uso.

14. Si se detecta una emergencia general, ¿quién debe declarar formalmente la situación?

☐ a) Cualquier trabajador que lo perciba.

☐ b) Las personas designadas y capacitadas para ello según el protocolo de la empresa.

☐ c) Solo el director general, sin coordinación con el resto del equipo.

15. ¿Por qué es importante actualizar periódicamente la información de apoyo y los planes de emergencia?

☐ a) Para reflejar cambios en la normativa y en las condiciones del entorno, asegurando la eficacia del plan.

☐ b) Porque una vez establecidos no requieren revisión.

☐ c) Solo para cumplir formalidades sin impacto en la seguridad.

Factores de riesgo en trabajos de soldadura

4

¿Qué?

Nos centraremos definitivamente en los riesgos asociados al puesto de trabajo de soldador/a.

4.1 Riesgos de caídas de objetos pesados.

4.2 Riesgo de golpes contra objetos.

4.3 Riegos de incendio.

4.4 Riesgos de quemaduras.

4.5 Riesgos por inhalación de humos y gases procedentes de la soldadura.

4.6 Riesgos de explosión en la soldadura oxiacetilénica y corte por gas.

4.7 Riesgos en piel y ojos por exposición a la radiación.

4.8 Estrés térmico.

4.9 Riesgos en atmósferas explosivas.

4.10 Riesgos de contactos eléctricos.

4.11 Riesgos derivados de la manipulación manual de cargas.

4.12 Mantenimiento del equipo de soldadura.

Introducción

En este último tema del libro haremos un repaso general a todos los riesgos asociados a los trabajos de soldadura, que servirá de resumen final.

Todos los aspectos están ya tratados más ampliamente en páginas anteriores.

Riesgos de caídas de objetos pesados	Riesgos de golpes contra objetos	Riesgos de incendio	Riesgos de quemaduras
Riesgos por inhalación de humos y gases procedentes de la soldadura	Riesgos de explosión en la soldadura oxiacetilénica y corte por gas	Riesgos en piel y ojos por exposición a la radiación	Estrés térmico
Riesgos en atmósferas explosivas	Riesgos de contactos eléctricos	Riesgos derivados de la manipulación manual de cargas	

4.1. Riesgos de caídas de objetos pesados

En los trabajos de soldadura, es común manipular piezas metálicas de gran tamaño y peso. La caída de estos objetos puede provocar lesiones graves como fracturas, contusiones y atrapamientos.

Medidas de prevención

– Usar calzado de seguridad con punta de acero.

– Manipular materiales con herramientas adecuadas (grúas, polipastos, ganchos de izado).

– Organizar correctamente el área de trabajo para evitar apilamientos inestables.

4.2. Riesgos de golpes contra objetos

Los espacios de trabajo en soldadura suelen contener herramientas, estructuras metálicas y maquinaria, aumentando el riesgo de golpes contra objetos fijos o móviles.

Medidas de prevención

- Mantener el área despejada y bien iluminada.
- Usar equipo de protección personal (casco, guantes y ropa resistente).
- Señalizar correctamente los obstáculos en la zona de trabajo.

4.3. Riegos de incendio

Las chispas y salpicaduras generadas durante la soldadura pueden iniciar incendios si entran en contacto con materiales inflamables.

Medidas de prevención

- Mantener materiales inflamables alejados del área de trabajo.
- Disponer de extintores adecuados y en buen estado.
- Usar pantallas de soldadura para evitar la dispersión de chispas.

4.4. Riesgos de quemaduras

Las altas temperaturas del proceso de soldadura pueden causar quemaduras graves en la piel y ojos, además del calor intenso, existen otros factores de riesgo, como las chispas, la radiación térmica y los metales fundidos.

Medidas de prevención

- Usar guantes y ropa de protección térmica, que cubran completamente brazos, manos y cuerpo para evitar el contacto directo con superficies calientes o chispas
- No tocar piezas recién soldadas sin verificar su temperatura.
- Utilizar pantallas faciales y gafas de protección.

4.5. Riesgos por inhalación de humos y gases procedentes de la soldadura

Los humos metálicos y gases generados en la soldadura pueden afectar el sistema respiratorio y causar enfermedades graves.

Medidas de prevención

- Usar mascarillas con filtros adecuados.
- Trabajar en áreas bien ventiladas o con extracción localizada de humos.
- Evitar la soldadura en espacios cerrados sin equipos de extracción.

4.6. Riesgos de explosión en la soldadura oxiacetilénica y corte por gas

Los cilindros de gas pueden explotar si no se manejan adecuadamente.

Medidas de prevención

- Inspeccionar regularmente los cilindros y válvulas.
- Almacenar los gases en lugares ventilados y alejados de fuentes de calor.
- Usar reguladores de presión adecuados.

4.7. Riesgos en piel y ojos por exposición a la radiación

Los rayos ultravioleta e infrarrojos de la soldadura pueden causar lesiones oculares y en la piel.

Medidas de prevención

- Usar caretas de soldador con filtro adecuado.
- Proteger la piel con ropa de manga larga y guantes.
- Colocar pantallas para proteger a personas cercanas.

4.8. Estrés térmico

La exposición a altas temperaturas puede generar golpes de calor y deshidratación.

Medidas de prevención

- Hidratarse frecuentemente, bebiendo agua en pequeñas cantidades a lo largo de la jornada, incluso si no se tiene sed.
- Hacer pausas en lugares frescos y bien ventilados, haciendo descansos regulares.
- Usar ropa transpirable y ligera.

4.9. Riesgos en atmósferas explosivas

En ciertas industrias o en espacios confinados, la soldadura en ambientes con gases inflamables, vapores combustibles o polvo en suspensión puede generar explosiones.

Medidas de prevención

- Evaluar la atmósfera antes de iniciar el trabajo.
- Usar detectores de gases si es necesario, especialmente en áreas cerradas o con poca ventilación.
- Evitar chispas en áreas con materiales inflamables, retirando o cubriendo adecuadamente cualquier sustancia combustible en la zona de trabajo

4.10. Riesgos de contactos eléctricos

El uso de equipos de soldadura eléctrica conlleva riesgo de electrocución.

Medidas de prevención

- Verificar el aislamiento de los cables.
- Usar guantes dieléctricos.
- Asegurarse de que el equipo tenga conexión a tierra.

4.11. Riesgos derivados de la manipulación manual de cargas

Levantar, transportar o mover materiales pesados sin la técnica adecuada puede causar lesiones musculares, esguinces, hernias discales y fatiga física, que aumentan si, además, se realizan movimientos repetitivos, esfuerzos bruscos o posturas incorrectas.

Medidas de prevención

- Usar técnicas de levantamiento adecuadas, flexionando las rodillas y manteniendo la espalda recta al levantar objetos pesados.

- Solicitar ayuda o usar medios mecánicos para mover cargas pesadas, como carretillas o polipastos.

- Mantener una postura correcta al levantar objetos, evitando sobreesfuerzos innecesarios.

4.12. Mantenimiento del equipo de soldadura

Un equipo en mal estado puede provocar fallos y accidentes. El mantenimiento preventivo no solo previene accidentes, sino que también mejora el rendimiento del equipo y reduce los costes de reparaciones a largo plazo.

Medidas de prevención

- Realizar inspecciones periódicas del equipo, verificando el estado tanto de los electrodos, como la pistola de soldadura, los reguladores de gas y las conexiones eléctricas.

- Sustituir cables y conexiones dañadas, ya que los cables desgastados o con aislamiento en mal estado pueden generar chispas, cortocircuitos o descargas eléctricas peligrosas.

- Capacitar al personal en el uso y mantenimiento adecuado del equipo. Todos los operarios deben conocer las normas de seguridad, la correcta manipulación de los dispositivos y las señales de advertencia ante posibles fallos.

Caso práctico final 1

En una planta de fabricación metálica especializada en la producción de maquinaria industrial, se estaba realizando una soldadura en una estructura metálica de gran tamaño, considerada crítica para el ensamblaje final de un equipo industrial de alto rendimiento.

La tarea se ejecutaba en un espacio parcialmente cerrado, con una ventilación limitada y cerca de materiales inflamables (trapos impregnados de aceite, restos de solventes utilizados en tareas de limpieza y pequeñas acumulaciones de virutas metálicas).

Durante la operación, Juan (soldador) realiza un movimiento brusco y, sin darse cuenta, entra en contacto con una pieza recién soldada, lo que le provoca quemaduras en la mano.

Al mismo tiempo, un cable defectuoso produce una descarga eléctrica leve, lo que genera una chispa. Esta chispa, al caer sobre uno de los trapos inflamables, inicia un pequeño incendio que se extiende rápidamente.

Desarrollo del caso según diferentes roles

Vamos a considerar la situación desde diferentes roles de actuación: soldador, supervisor y encargada de emergencias.

Soldador

Juan es un soldador con experiencia que, debido a la presión por cumplir con el trabajo requerido decide prescindir de algunos elementos del equipo de protección individual. Por ejemplo, no utiliza los guantes completos ni la ropa ignífuga recomendada y, a veces, se retira los tapones auditivos para facilitar la comunicación. Además, no siempre hace la necesaria revisión rápida del equipo y no se da cuenta que uno de los cables de la máquina tiene un cable roto.

Supervisor

Carlos, encargado de supervisar la zona, observa el incidente y activa el protocolo de emergencia. Sin embargo, se descubre que las inspecciones rutinarias del equipo y del área de trabajo no se han realizado adecuadamente en días anteriores. Carlos debe coordinar la evacuación del área y, a la vez, buscar extintores y otros elementos de contención del fuego.

Encargada de emergencias

Laura, responsable de la respuesta de emergencia, llega al lugar y evalúa rápidamente la situación. Su tarea es asegurar que se dé una atención médica inmediata a Juan, coordinar la intervención del equipo de emergencias y gestionar la contención del incendio mientras se mantienen las comunicaciones con el resto del personal para evitar que se propague del pánico.

Análisis del caso

Desde el punto de vista del trabajor

¿Qué errores observamos?

- No utilizar completamente todos los equipos de protección individual requeridos (guantes, ropa ignífuga, protectores auditivos).

- No realizar la revisión del equipo antes de iniciar el trabajo.

- Descuidar la seguridad personal por la presión de cumplir el plazo.

¿Qué medidas preventivas debería aplicar?

- Utilizar siempre todos los equipos de protección requeridos y revisar el estado del equipo.

- Seguir los protocolos de seguridad sin excepciones, incluso en días de alta producción.

Desde el punto de vista del supervisor

¿Qué podemos comentar?

- La necesidad de mantener una rutina estricta de inspecciones y orden en el área de trabajo.

- Promover un ambiente en el que se priorice la seguridad sobre la premura en la producción.

¿Qué medidas preventivas debería aplicar?

- Implementar controles y revisiones diarias del equipo y del área.

- Promover la cultura de seguridad a través de formaciones y recordatorios constantes.

Desde el punto de vista de la encargada de emergencias

¿Qué podemos comentar?

- Debe actuar de manera rápida y coordinada ante situaciones de emergencia.

- Debe evaluar la situación para evitar mayores riesgos (por ejemplo, la propagación del fuego o la inhalación de gases tóxicos).

¿Qué medidas preventivas debería aplicar?

- Realizar simulacros periódicos de emergencia para afianzar los protocolos de respuesta.

- Garantizar la disponibilidad y el estado óptimo de equipos de emergencia (extintores, botiquines, etc.) y una comunicación efectiva con todo el personal.

Caso práctico final 2

En una empresa dedicada a la fabricación de estructuras metálicas, se estaba llevando a cabo un trabajo de soldadura en un área de difícil acceso, con poca ventilación y acumulación de humos de procesos anteriores.

Durante la operación, David (que es el soldador responsable de la tarea) trabaja sin un sistema adecuado de extracción de humos y sin utilizar la mascarilla con filtro recomendada. A medida que avanza el trabajo, comienza a experimentar síntomas de intoxicación, como mareos, debilidad y visión borrosa. En un intento de seguir con la tarea, pierde el equilibrio y cae de rodillas, sintiendo además dificultad para respirar.

Sus compañeros, al notar su estado, llaman de inmediato a los responsables de seguridad para que intervengan y brinden asistencia.

Desarrollo del caso según diferentes roles

Vamos a considerar la situación desde diferentes perspectivas: soldador, supervisora y encargado de emergencias.

Soldador

David es un operario experimentado que, por confianza o descuido, no utiliza la mascarilla con filtro adecuada ni verifica si la zona de trabajo tiene ventilación suficiente. Al no prestar atención a las señales iniciales de contaminación en el ambiente, ignora los primeros síntomas de intoxicación, como una leve sensación de fatiga y una respiración más pesada de lo normal. Con el paso de los minutos, su cuerpo comienza a debilitarse, y lo que en un inicio parecía una simple molestia se convierte en un malestar evidente.

Supervisora

Carla, la supervisora, se percata de la situación cuando ve que David presenta signos evidentes de malestar. Sin embargo, se da cuenta de que no se habían tomado medidas preventivas adecuadas, como la instalación de extractores o la ventilación del área antes de comenzar la soldadura. Además, nota que en los registros de inspección del día no se verificó la calidad del aire en la zona de trabajo.

Encargado de emergencias

Martín, responsable de emergencias, llega rápidamente y evalúa la condición de David. Lo retira de la zona con acumulación de humos y se asegura de que reciba aire fresco de inmediato. Tras comprobar su estado general (nota que su respiración es agitada, su piel está pálida y muestra signos evidentes de desorientación), coordina su traslado a un área segura para evaluar si requiere asistencia médica adicional. Además, consciente de que podría haber más personas afectadas por la acumulación de humos, se encarga de revisar la zona de trabajo y confirmar que nadie más esté en riesgo.

Análisis del caso

Desde el punto de vista del trabajador

¿Qué errores observamos?

- No utilizar una mascarilla con filtro adecuada para filtrar los humos generados por la soldadura.

- No asegurarse de que el área de trabajo cuente con una ventilación adecuada.

- Ignorar los primeros síntomas de intoxicación en lugar de detenerse y buscar asistencia.

¿Qué medidas preventivas debería aplicar?

- Utilizar siempre el equipo de protección respiratoria adecuado, especialmente en zonas cerradas o con poca ventilación.

- Verificar la calidad del aire antes de comenzar la soldadura, asegurándose de que haya ventilación natural o extractores de humo funcionando correctamente.

- Estar atento a cualquier síntoma de malestar y reportarlo de inmediato para evitar que la situación empeore.

Desde el punto de vista de la supervisora

¿Qué podemos comentar?

- Es esencial verificar la calidad del aire en áreas cerradas o con ventilación limitada antes de comenzar a soldar, especialmente si se han realizado trabajos previos en la misma zona, ya que los residuos de soldadura, el uso de disolventes o una combustión incompleta pueden empeorar la calidad del ambiente.

- La seguridad debe ser una prioridad sobre la productividad, y el equipo de trabajo debe contar con todas las condiciones necesarias para evitar riesgos innecesarios.

¿Qué medidas preventivas debería aplicar?

- Implementar revisiones obligatorias de ventilación antes de cada turno de soldadura, garantizando que los extractores o sistemas de ventilación estén funcionando correctamente.

- Capacitar a los trabajadores en la identificación temprana de síntomas de intoxicación por humos y en la importancia de reportar cualquier malestar de inmediato.

- Garantizar que se utilicen mascarillas con filtros adecuados y que sean revisadas periódicamente para asegurar su eficacia.

Desde el punto de vista del encargado de emergencias

¿Qué podemos comentar?

- Una respuesta rápida ante una intoxicación por humos puede evitar complicaciones graves, como pérdida del conocimiento o daños pulmonares.

- Es crucial contar con un plan de evacuación para emergencias respiratorias en entornos donde se realizan procesos de soldadura en espacios cerrados.

¿Qué medidas preventivas debería aplicar?

- Realizar simulacros periódicos de evacuación por inhalación de humos, asegurando que todos los trabajadores sepan cómo reaccionar ante estos incidentes.

- Mantener en óptimas condiciones los sistemas de ventilación y extracción de humos, revisándolos periódicamente para evitar la acumulación de gases tóxicos.

- Asegurar que los responsables de seguridad cuenten con equipos de detección de gases, para prevenir intoxicaciones en zonas de difícil acceso o con ventilación limitada.

Cuestiones finales de repaso

Tema 1

1.¿Qué es un accidente de trabajo?

2. ¿Qué es la Ley de Prevención de Riesgos Laborales (LPRL)?

3. ¿Qué es un riesgo químico en el ámbito de la soldadura?

4. ¿Qué es un riesgo ergonómico en el ámbito de la soldadura?

5. ¿Qué es la integración de la prevención en la empresa?

Tema 2

1. ¿Qué medidas de seguridad se deben tomar al usar herramientas de mano?

2. ¿Qué tipo de lesiones pueden causar los riesgos térmicos en soldadura?

3. ¿Por qué es importante la ventilación en los espacios de soldadura?

4. ¿Cómo se clasifican los diferentes tipos de incendios y qué métodos de extinción se usan?

5. ¿Qué equipos de protección individual (EPI) son esenciales en soldadura?

Tema 3

1 ¿Qué es un accidente por atrapamiento?

2. ¿Qué significa el método PAS en primeros auxilios?

3 ¿Cuándo se debe mover a una víctima?

4. ¿Qué número de emergencia se debe llamar en España?

5. ¿Qué tipos de emergencia existen?

Respuestas

Tema 1

1. Una lesión corporal que el trabajador sufre con ocasión o por consecuencia del trabajo que realiza por cuenta ajena.

3. Es la ley principal que nos dice cómo prevenir accidentes y enfermedades en el trabajo.

6. La exposición a gases y humos tóxicos durante la soldadura.

7. las posturas forzadas y los movimientos repetitivos durante la soldadura.

9. La prevención de riesgos laborales debe integrarse en el sistema general de gestión de la empresa.

Tema 2

1. Usar la herramienta adecuada, revisarla antes de usarla y almacenarla correctamente.

2. Quemaduras, lesiones oculares y deshidratación.

3. Para eliminar gases y humos tóxicos y evitar problemas respiratorios.

4 Clase A (sólidos) – Agua.

Clase B (líquidos) – Espuma o CO_2.

Clase C (gases) – CO_2 o corte de suministro.

5. Casco, guantes, gafas de protección, mascarilla y calzado de seguridad.

Tema 3

1. Cuando una parte del cuerpo queda atrapada en máquinas o entre objetos.

2. Proteger, Avisar y Socorrer.

3 Solo si su vida corre peligro inmediato.

4. Al 112.

5. Conato de emergencia, emergencia parcial, emergencia general y evacuación.

Soluciones de los test de autoevaluación

Tema 1

1b 2a 3b 4a 5a 6b 7b 8a 9a 10b

Tema 2

1b 2a 3b 4b 5a 6b 7b 8b 9a 10b

Tema 3

1b 2a 3a 4b 5b 6a 7a 8a 9b 10b 11a 12a 13a 14b 15a

Bibliografía

Alonso, Carlos. (2011). *Manual de prácticas de soldadura*. Editorial Cano Pina.

Cueto Martos, José. (2008). *Manual de soldadura MIG-MAG (3.ª edición)*. Editorial Cano Pina.

Cueto Martos, José. (2017). *Soldadura con arco bajo gas protector con electrodo consumible*. Editorial Cano Pina.

Cueto Martos, José. (2018). *UF1622 Procesos de corte y preparación de bordes*. Editorial Cano Pina.

Salvador Vargas, F. (2021). *Terminología empleada en soldadura y especificaciones técnicas de los consumibles*. Editorial Cano Pina.

cano‖‖pina es una editorial
dedicada al
libro técnico y formativo

www.canonopina.com

ediciones@canopina.com

 editorial_canopina

 canopina